AF127575

Bernar Venet

Bernar Venet

Poetic? Poétique ?

ISBN 978-2-36568-015-8
Dépôt légal : juillet 2017
Première édition

Bernar Venet

Poetic? Poétique ?
Anthologie 1967 – 2017

A-*d*-équation
Mathieu Copeland

Une nudité de l'écriture
Véronique Perriol

JEAN BOÎTE ÉDITIONS

À mes frères : Francis, Bruno et Serge.

“This statement is improvable.”
Kurt Gödel

Poetic? Poétique ? Anthologie 1967-2017 encapsulates the entire range of poetry—which has rarely been published and was never presented in an exhibition—of Bernar Venet. This collection of 244 poems significantly contributed to the development of conceptual writing in the 1960's. Today, the prose is indicative of one of the very first steps of a major change in the twenty-first century: the *Uncreative Writing*, an influx of writing which lacks creative intent, that happens to be the type of content we consume in the digital era.

Written in French, English or with mathematical signs, the poems of Bernar Venet—lists, texts in prose and diagrams—serve to display information in a poetic fashion. In his literary creations, Bernar Venet brings a visual and musical dimension to the knowledge he portrays on paper. At times, the un-comprehension of the text and the uselessness of the information gives the collection poetic power and a kind of encyclopedic charm.

This anthology, created in close collaboration with the artist, is entirely bilingual in French and English. Yet this notion of translation does not reflect the amount of care given to each piece to offer within it a unique displacement, as neither a translation nor a new version of the same poem, but rather an entirely new poem itself, the rearrangement created by using the effective methods of the original to transcribe into the designated language.

One poem of Bernar Venet precedes all the rest, *Noir, noir et noir,* which the author wrote in pencil on a page of his agenda in 1963 and which corresponds with the principle of equivalence that guided his work in the early 1960s: black paintings, black sculpture, room of black mirrors, black sound, black book, and naturally, black poem. This first occurrence is highlighted here because it doesn't belong to a body of work developed independently and consciously. Bernar Venet incorporated poetry into his conceptual work in publications beginning in 1967, up through his first collection, *Apoétique,* published by the Musée d'art moderne et contemporain (Mamco) in Geneva in 1999. It is the conjunction of this first sum, complete with unpublished old and new poems that constitute this anthology.

Though undated, these poems are presented in chrolonigical order, organized by the artist through 1967 to 2017. This collection is today compiled along with two critical essays and the publication of the sonic poems by Bernar Venet on UbuWeb.com.

Mathieu Cénac and David Desrimais

Poetic? Poétique ? Anthologie 1967-2017 rassemble l'intégralité de la production de poésie jamais exposée et rarement publiée de Bernar Venet. Cette somme de deux cent quarante-quatre poèmes constitue un marqueur essentiel de l'écriture conceptuelle des années 1960 qui, avec notre recul, se positionne comme l'une des premières pierres d'un glissement littéraire majeur du XXIe siècle : l'écriture sans écriture (*Uncreative Writing*), clé de voûte de notre rapport au texte à l'heure numérique.

Les poèmes, écrits en français, en anglais ou en langage mathématique, composés en listes, en diagrammes ou en prose, se trouvent ici découpés et collés, l'information qu'ils portent étant déplacée dans le champ de la poésie, pouvant ainsi être appréciés à un niveau purement informatif. Par ce geste, Bernar Venet fait remonter à la surface de la page la matière visuelle et musicale de la connaissance pure. La non-compréhension du texte ou l'obsolescence des informations donnent à cet ensemble une force poétique au charme encyclopédique.

Originellement, les poèmes de Bernar Venet sont écrits en français ou en anglais – rarement dans les deux langues. Cette anthologie, qui se présente intégralement bilingue, est le résultat d'une collaboration étroite et intense avec Bernar Venet qui a porté un soin particulier à offrir un déplacement de (presque) toute sa poésie du français vers l'anglais, ou inversement. Ce déplacement n'est ni une traduction, ni totalement une nouvelle version, mais bien un nouveau poème, l'opération poétique consistant à appliquer les méthodes qui ont prévalu à la création de l'original pour le transcrire dans la langue désignée.

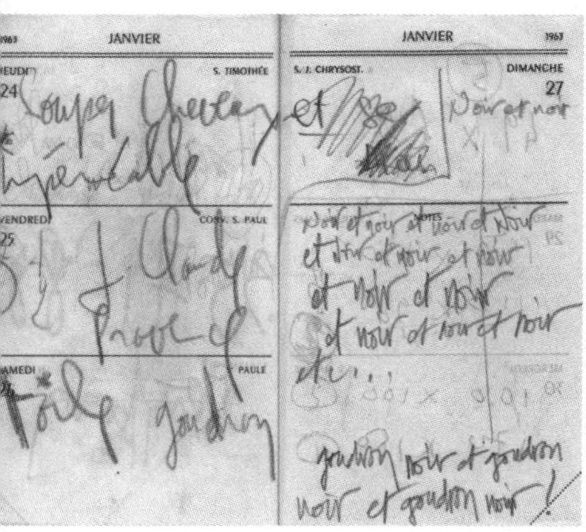

enda de Bernar Venet
vier 1963

Il est un poème de Bernar Venet qui précède tous les autres, *Noir noir et noir,* que l'auteur a inscrit au crayon sur une page de son agenda en 1963 et qui correspond au principe d'équivalence qui a guidé son œuvre dès le début des années 1960 : tableaux noirs, sculpture noire, pièce en miroir noir, son noir, livre noir, et, naturellement, poème noir. Cette première occurrence est isolée ici parce qu'elle ne relève pas d'un corpus développé indépendamment et en toute conscience. C'est à partir de 1967, dans le cadre de son travail conceptuel que Bernar Venet intègre ses poésies dans des publications, puis plus tard sous forme d'un premier recueil, *Apoétique,* publié par le Musée d'art moderne et contemporain (Mamco) de Genève en 1999. C'est la conjonction de cette première somme, complétée de poèmes inédits, anciens et nouveaux, qui constitue cette anthologie.

Non-datés, ces poèmes sont proposés dans une perspective chronologique, et sont organisés par l'artiste sur une ligne tendue de 1967 à 2017. Cet ensemble est complété par deux essais critiques et la publication en accès libre des poèmes sonores de Bernar Venet sur le site UbuWeb.com.

Mathieu Cénac et David Desrimais

A-*d*-equation *of a function and of a visual saturation*

A-*d*-équation *d'une fonction et d'une saturation visuelle*

Mathieu Copeland

A-poetics

What Bernar Venet proposes is a manifest poetry. The function, while still asserting its abstract mathematical object, is abstracted from its primary function and, in a process of displacement from one field to another, affirms itself as a self-referential and autonomous object. Its poetic *object* is this distance. The distance is poetry. A poetry manifest in the degree zero of the annihilation of a totality.

Apoetical adequation states the equivalence between the work and the formula—the function is its score. Its function is that of the score. The function acts as a neutral catalyst for reading and asserts the distance between the object and its representation. This work is the appropriation of a preexistent Pop object. A minimal work by its repetition and in-emotive, to be taken for what it is, at *face value:* judge the book by its cover; break free of meaning so as to foreground writing.

The French Larousse dictionary reminds us that the feminine noun adéquation (adequation, adequacy) defines "the conformity of the object to the aim proposed," offering, with remarkable relevance for Venet's a-poetics, the example of "the adequation of expression to thought." A conceptual work, formula poetry is the function of thought.
The CNRTL (French National Center of Textual and Lexical Resources) presents the etymology of *adéquation* as follows: noun. fem. etym. and hist.—b. 1861, philos., Ventura in Larousse 19th c.: *Adéquation* (n. fem.), Perfect relation, equal quantity: "Intuitive evidence is that which results from the immediate and direct knowledge of the adequation between proposition and object." Der. rad. adequat (suff. -ation*) or borrowed from Lat. adaequātio, in Tertullian in the sense of "rightness (of a comparison)" (Ad Nationes, lib. 1, cap. 1, in TLL s.v., 560, 39: deficit adaequatio comparationis istius).

The function, that abstract mathematical formula, is formulated in the Art field between a function and an abstract poetical object—a perfect relation of equal quantity. In this process of transubstantiation both remain equal and stay in their respective realities as unique objects. The formula is formulated in accordance with a function. In the same way as the talk "Neutron Emission from Muon Captures in CA40" by Martin Krieger at the Judson Church Theater in New York on 27 and 28 May 1968, or Frank Faulbaum's three lectures "Automatentheorie und Lernende Systeme," "Sprach-und Algorithmen," and "Selbstproduktion of the automatentheorestischen Konzepts," October 9, 1970, in the Kunsthaus Hamburg are autonomous objects, the poetry subverts the initial object, takes it as already extant (already made, previously carried out), but does not assist it, and within this *absolute gap* proposes an *absolute map.* The discrepancy between two objects thus draws the conceptual map of a poetical a-poetry.

Seizing onto a preexistent, and thus predefined, cultural object in the course of his performance on July 30, 2003, at the Concrete Art space in Mouans Sartoux (France), Bernar Venet reads the text "A Gondolkodok" by József Attila in its original language of Hungarian. Bernar Venet here affirms himself as *the* reader who does not understand Hungarian, asserting not only a distance

A-poétique

Bernar Venet propose une poésie manifeste. La fonction, tout en affirmant son objet mathématique abstrait, s'abstrait de sa fonction première et dans un processus de déplacement d'un champ à l'autre s'affirme en objet auto-référent et autonome. Son *objet* poétique est cette distance. La distance est poésie. Une poésie qui se manifeste dans le degré zéro de l'annulation d'un tout.

L'adéquation apoétique affirme l'équivalence entre l'œuvre et la formule – la fonction de sa partition. Sa fonction est celle de la partition. La fonction agit comme un catalyseur neutre de lecture, et affirme la distance entre l'objet et sa représentation. Cette œuvre est l'appropriation d'un objet pop préexistant. Une œuvre minimale par sa répétition et in-émotive à prendre pour ce qu'elle est, *face-value* : juger un livre par sa couverture, se dégager du sens pour privilégier l'écriture.

Le Larousse nous rappelle qu'*adéquation*, nom féminin, définit la « conformité à l'objet, au but qu'on se propose », et propose avec une rare justesse pour ce qui concerne l'a-poésie de Venet comme exemple : « L'*adéquation* de l'expression à la pensée ». Œuvre conceptuelle, une *poésie* formulée est la fonction de la pensée.
Le Centre national de ressources textuelles et lexicales (CNRTL) affirme l'étymologie *d'adéquation* comme telle : Subst. fém. Étymol. ET HIST. – Av. 1861 philos., Ventura ds Lar. 19e : Adéquation s. f. Rapport parfait, quantité égale, « L'évidence intuitive est celle qui résulte de la connaissance immédiate et directe de l'adéquation entre la proposition et la chose ». Dér. du rad. de adéquat (suff. -ation*) ou empr. au lat. adaequatio, dep. Tertullien au sens « justesse (d'une comparaison) » (Ad nationes, liv. 1, ch. 1 ds TLL s.v., 560, 39 : deficit adaequatio comparationis istius).

La fonction, cette formule abstraite mathématique, se formule dans le champ Art entre une fonction et un objet poétique abstrait – un rapport parfait à quantité égale. Dans ce procédé de transsubstantiation les deux demeurent égaux, et demeurent dans leur réalité respective d'objet unique. La formule se formule en fonction d'une fonction. De la même manière que l'exposé « Neutron Emission from Muon Capture in CA40 » de Martin Krieger au Judson Church Theatre de New York les 27 et 28 mai 1968, ou encore les trois conférences de Frank Faulbaum « Automatentheorie und Lernende Systeme », « Sprach-und Algorithmen », et « Selbstproduktion des Automatentheorestischen Konzepts », le 9 octobre 1970 à la Kunsthaus de Hambourg sont des objets autonomes, la poésie détourne l'objet premier, le prend déjà existant (déjà fait, déjà réalisé), mais ne l'assiste pas, et dans cet *écart absolu* propose une *carte absolue.* L'écart entre deux objets traçant ainsi la carte conceptuelle d'une a-poésie poétique.

Se saisissant de nouveau d'un objet culturel préexistant, et ainsi prédéfini, lors de sa performance le 30 Juillet 2003 à l'espace de l'Art Concret de Mouans Sartoux (France), Bernar Venet lit le texte « A Gondolkodok » de Jozsef Attila dans sa langue originelle, le hongrois. Bernar Venet s'affirme ici comme *le* lecteur ne comprenant pas le hongrois – et affirme non

between the work and its realization but also the very comprehension of the work, thereby stressing a purely auditory, almost lettrist, understanding of the performance. The performance also echoes the 2005 piece by Kenneth Goldsmith (born in 1961)—a champion of conceptual or noncreative poetry—reading Ludwig Wittgenstein's "Culture et Value" in German, a language he neither speaks nor understands.

Textual Monochrome

Such an accumulation in a professed search for nonsense—in brief, meaning is negated in favor of that acquired by its displacement—saturates the work, all the while proposing a neutral object, cancelling its origin as much by reiterating it on a scale of one-to-one as through its over-accumulation, by radical saturation. From the monotony of the function there emerges a monochrome function of the text, as much in its unicity as at the level of the page.

Bernar Venet prefigures, follows, and finally revisits through his a-poetry the main currents of modern and contemporary art. Thus, from a Pop appropriation of the readymade, Bernar Venet accumulates, compresses, and extracts a new reality, at once conceptual and semiotic.

Through poetic works such as "Noise" [p. 219], "Saturation (2)" [p. 233], "Textual Progression" [p. 229], "Saturation (1)" [p. 227] and *Sursaturation*[1], Bernar Venet foregrounds the accumulation of a text, and by the overprinting, destroying the original by superposition. Amplification of the text annuls the text. By postulating its equivalence to the primary/original object, it is neutralized, generating concrete poetry.

1 - *SURSATURATION*, Maison des Arts Georges Pompidou, Carjarc (France), 2000.

Close in form to a major tendency in research in concrete poetry dating back to the early 1950s, the constellation deposited on the sheet of paper by the accumulation of the word affirms, by way of the black of the typewriter ribbon, a formative absence. As British poet John Sharkey wrote concerning concrete poetry in August 1965: "form becomes structure and the structure is the form, it is a poetry attempting to deal with its subject matter, i.e. words, in an abstract or objective matter." Concrete poetry attempts to take account of the material of its subject, for example words, "in an abstract or objective manner." Among the many that shall be convoked, we could consider Austrian artist Heinz Gappmayr (1925-2010) and his iconic work of 1965, *Zeichen*, or the active radicality of a Hansjorg Mayer (born in 1943) and his *Typoaktionen* (1967). In the light of such typographical actions, the saturation performed by Bernar Venet accounts for the very matter of the subject.

Such poetic concretions are anti-text *per se*. Palimpsests in which the original is as much what has been as what is, that stress the simultaneous coexistence of multiple incarnations. Affirming this "psychological mechanism by which new impressions, new feelings replace their predecessors and obliterate them," Charles Baudelaire (1821-1867) defined an understanding of the palimpsest in his "Artificial Paradises" in 1860 as an answer to the question: "What is the human brain if not one vast and natural palimpsest? My brain is a palimpsest and yours is too, reader. Innumerable layers of ideas, of images, of feelings have fallen successively onto your brain, as gently as light. It seems that each one has buried the preceding. But none has actually perished." The reading of these saturated accumulations emphasizes the detachment of the initial object in a celebration of a new poetic reading of an object which is none other than the repetition of the elements constituting that same object. The support is reutilized and likewise the materials appropriated are over-referenced and, hence, obliterated.

seulement une distance entre l'œuvre et sa réalisation, mais aussi la compréhension même de cette œuvre pour affirmer une compréhension purement sonore, quasi lettriste, de la performance. Une performance qui n'est pas sans faire écho à l'œuvre de Kenneth Goldsmith (né en 1961) – champion de la poésie conceptuelle, ou encore non créative –, lisant en 2005 « Culture et Value » de Ludwig Wittgenstein en allemand, une langue qu'il ne parle ni ne comprend.

e Monochrome
xtuelle

Cette accumulation d'une recherche affirmée du non-sens – en somme le sens nié pour celui acquis par son déplacement – sature l'œuvre tout en proposant un objet neutre, annulant son origine autant par sa reprise à l'échelle un, que par sa suraccumulation, une saturation radicale. Du monotone de la fonction se formule une fonction monochrome du texte, autant dans son unicité qu'au niveau de la page.

Bernar Venet préfigure, accompagne, puis revisite au travers de son a-poésie les courants principaux d'un art moderne et contemporain. Ainsi, d'une appropriation pop du ready-made, Bernar Venet accumule, compresse et extrait une nouvelle réalité conceptuelle et sémiotique.

Au travers de ces œuvres poétique telles que « Bruit » [p. 219], « Saturation (2) » [p. 233], « Progression textuelle » [p. 229], « Saturation (1) » [p. 227], ou encore *Sursaturation*[1], Bernar Venet met en scène l'accumulation d'un texte, et par la surimpression, détruit l'original. L'amplification du texte annule le texte. Une mise en équivalence de l'objet premier/original le neutralise et génère une poésie concrète.

SURSATURATION, Maison des Arts
orges Pompidou, Carjarc (France), 2000.

Proche dans sa forme de tout un pan de recherche représenté dans la poésie concrète depuis le début des années 1950, la constellation posée sur la feuille par l'accumulation du mot affirme par le noir du ruban typographique une absence formative. Le poète britannique John Sharkey écrivait à propos de la poésie concrète en août 1965 que « la forme devient la structure et la structure la forme. Il s'agit d'une poésie qui tente de prendre en compte la matière de son sujet, par exemple les mots, de manière abstraite ou objective ». Parmi la multitude à convoquer, envisageons autant l'artiste autrichien Heinz Gappmayr (1925-2010) et son œuvre iconique de 1965, *Zeichen*, ou encore la radicalité active d'Hansjorg Mayer (né en 1943) et ces *Typoaktionen* (1967). De ces actions typographiques, la saturation opérée par Bernar Venet rend compte de la matière même du sujet.

Ces concrétions poétiques sont l'anti-texte par excellence. Des palimpsestes dans lesquels l'original est autant ce qui a été que ce qui est, insistant sur la coexistence simultanée d'incarnations multiples. Affirmant ce « mécanisme psychologique par lequel de nouvelles impressions, de nouveaux sentiments se substituent aux précédents et les oblitèrent », Charles Baudelaire (1821-1867) définit en 1860 une compréhension du palimpseste dans ses « Paradis artificiel » pour répondre à la question « Qu'est-ce que le cerveau humain, sinon un palimpseste immense et naturel ? Mon cerveau est un palimpseste et le vôtre aussi, lecteur. Des couches innombrables d'idées, d'images, de sentiments sont tombées successivement sur votre cerveau, aussi doucement que la lumière. Il a semblé que chacune ensevelissait la précédente. Mais aucune en réalité n'a péri. » La lecture de ces accumulations saturées insiste sur un détachement de l'objet premier pour célébrer une nouvelle lecture poétique d'un objet qui ne serait autre que la répétition des éléments constitutifs de ce même objet. Le support est réutilisé, tout comme les matériaux appropriés sont sur-référencés et ainsi, oblitérés.

As such, let us consider for instance the series of photographic works by Idris Khan (born in 1978) that consists in reproducing an entire publication as an image. Idris Khan presents photographs of works in their entirety—be it all the pages of the Koran in *Every... page of the Holy Quran* (2004), or Beethoven's sonatas, in *Struggling to Hear... After Ludwig van Beethoven Sonatas* (2005). One might also recall the cinema photo series by Hiroshi Sugimoto (born in 1948), begun in 1978 in which a complete screened film offers its light to photography. Time is compressed, whereas the scores or texts are presented to be seen, like lines superimposed the ones over the others, thereby creating as much a condensed version of the given work as its complete interpretation.

This interpretation of the over-saturation of illegible words unveils a saturated polyphony. The wall of noise is posited as an industrial process following an aleatory composition and presenting a bruitist performance, thus echoing the inaudible saturation of a text over-accumulated with saturated industrial noise. Bernar Venet contributes to Noise-Theory in, for instance, sculpture-actions such as *Accident Piece* (1996), in which the artist toppled over a precariously balanced heap of metal bars, and *Dispersion as a Working Hypothesis* (2005), for which the artist's tool was a forklift and the sculptural components the sound of 50 tons of steel girders.

This parallel with performance leads us to industrial music. Not only to Throbbing Gristle, the British group that coined the term, complete with its rallying-cry, "Industrial Music for Industrial People," but also to the German group Einstürzende Neubauten, founded in 1980. For their "Concerto for Machinery and Voice" during their legendary gig at the ICA, London in 1984, FM Einheit (born in 1958) and his colleagues set to work on the institution with a pneumatic drill. As Einheit pointed out to us recently, "We declared our music as classical music, and used a high-art institution as the natural venue." The group Hanatarashi were to reprise and amplify this radical performativity at their second Tokyo concert on August 4, 1985, during which Yamantaka Eye (born in 1964) destroyed the stage in the Toritsu Kasei Loft concert hall with a bulldozer.

In an attempt to represent their music visually, Marty Rev (born in 1947), cofounder with Alan Vega of the group Suicide and a pioneer in minimal electronic punk rock since their first album in 1977, opts for scores so frantically crossed out that he rips holes through them. Such a gesture reminds us to the art of Bernar Venet and the score for "Sound Barrier" (1991), in which the visual saturation of the sound is played out from a score that is a formatted space covered in soft black pencil marks that stand for a recording of Concorde's engines.

Saturation underscores all Bernar Venet's work – from the epiphany of the use of tar as a raw industrial material covering a surface to the overload of indexed monochromic photographs in *Portrait de mon frère Francis dans le noir absolu,* (1963), for instance, or his *Livre Noir* (1963), an entirely monochrome and unendingly written text. Bernar Venet's a-poetry, by the very nature of the appropriated material and the excess of its texts, incorporates reference as readily as its distancing, thus saturating and overflowing from the ostensibly finite space of a book.

Translated from French by David Radzinowicz.

En cela, envisageons pour l'exemple la série d'œuvres photographiques d'Idris Khan (né en 1978) consistant à reproduire l'entièreté d'une publication en une image. Non sans rappeler les séries d'Hiroshi Sugimoto (né en 1948), débutées en 1978 où l'entièreté d'un film projeté donne sa lumière à la photographie, Idris Khan offre des photographies d'œuvres dans leur intégralité, qu'il s'agisse de toutes les pages du Coran avec *Every... page of the Holy Quran* (2004), ou encore les Sonates de Beethoven avec *Struggling to Hear... After Ludwig van Beethoven Sonatas* (2005). Le temps est compressé alors que les partitions et textes sont à être vues comme autant de lignes superposées les unes aux autres, créant ainsi autant une version condensée d'une œuvre donnée, que son interprétation entière.

L'interprétation de la sur-saturation de mots illisibles propose une polyphonie sonore saturée. Ce mur de bruit s'affirme comme un procédé industriel qui suit une composition aléatoire et propose une performance bruitiste, faisant en cela écho à la saturation inaudible d'un texte sur-accumulé au bruit industriel saturé. Bernar Venet contribue à cette *Noise-Theory* en proposant par exemple des actions-sculptures telles qu'*Accident Piece* (1996), dans laquelle il fait s'écrouler des barres métalliques posées en équilibre, ou encore *La Dispersion comme Hypothèse de Travail* (2005) – l'outil de l'artiste étant alors un charriot élévateur et les composants sculpturaux étant le son de 50 tonnes de barres d'acier.

Ce parallèle performatif nous amène à convoquer ici la musique industrielle. Non seulement Throbbing Gristle, ce groupe britanique à qui nous devons l'invention du terme avec le slogan définitif « Industrial Music For Industrial People », mais aussi le groupe allemand Einstürzende Neubauten fondé en 1980 : pour leur « Concerto for Machinery and Voice », ce concert légendaire a l'ICA de Londres en 1984, FM Einheit (né en 1958) et ses collègues attaquent au marteau piqueur l'institution même. Ainsi que Einheit le rappelait récemment, « notre musique est classique, et nous utilisons ainsi une institution des arts majeurs comme notre habitat naturel. » Hanatarashi reprendront et amplifieront cette performativité radical lors de leurs second concert à Tokyo le 4 août 1985, où Yamantaka Eye (né en 1964) détruit en direct avec une pelleteuse de chantier la scène de la salle de concert Toritsu Kasei Loft.

Cofondateur avec Alan Vega du groupe Suicide – pionnier du rock électronique minimal punk dès 1977, cherchant à représenter leur musique visuellement – Marty Rev (né en 1947), adopte la partition frénétiquement raturée, perçant à l'occasion la page par excès. Un geste qui nous rappelle à l'art de Bernar Venet et à la partition « Mur du Son » (Sound Barrier) de 1991 où se joue la saturation visuelle du son, prenant la partition comme espace formaté saturé au crayon gras noir pour rendre compte de l'enregistrement sonore des moteurs du Concorde.

La saturation souligne l'ensemble de l'œuvre de Bernar Venet – depuis l'épiphanie de l'utilisation du goudron comme matière première industrielle recouvrant à l'excès une surface aux photographies monochromes indexées – *Portrait de mon frère Francis dans le noir absolu* (1963) par exemple – ou encore son *Livre Noir* de 1963. Un livre entièrement monochrome, et en constante écriture. L'a-poésie de Bernar Venet, par la nature même du matériau approprié et l'excès de textes, englobe autant la référence que sa mise à distance, et ainsi sature et dépasse l'apparent espace fini d'un livre.

A Nakedness of Writing

Une nudité de l'écriture

Véronique Perriol

There is but one way to move poetry forward
That is to prove the poetry that is already formed wrong
In other words, change its formation.
Bernar Venet, "There is but one way"

"To change the formation of poetry" to create a work of art is a precondition for Bernar Venet's creative output. Known as a conceptual artist since 1967, Venet has assailed syntax and the substance of verse while taking his place in a certain history of poetry that has overturned the accepted conventions. Since the 19th century, poetry has gone through numerous changes, especially since Stéphane Mallarmé and his famous poem "A Throw of the Dice Will Never Abolish Chance". His thinking on the role played by "blanks", by empty spaces on the page, which create a more or less quick rhythm, seconded by a variable typography whose points of reference have been done away with, led to the idea of a signifying figurative space. Gradually poets freed themselves from the conventions in order to adopt other formal patterns and announce a new understanding of the linguistic sign. Previously choosing a signifier was subjected to the rules of meter, to versification, which fixes its practice and use, an obvious process in the case of rhyme. *Free verse* is emblematic of this poetry that obeys no regular structure and entails a questioning of the signifier in its relationship to the signified to which it is joined. We should also recall the experiments of the Dadaists and Futurists—both Italian and Russian—which were decisive in their approach to the word, sometimes distorted, sometimes dilated or, in extreme cases, dismembered, in order to explore its expressive quality for both the eye and the ear. After World War II, the question is taken up by *concrete poetry,* with the notion of "concretion", which addresses the materiality of the sign; and *visual poetry,* which concentrates on the whole of a text's properties in its capacity to produce a certain meaning, *to make sense.*

Vis-à-vis this history of poetry, Bernar Venet adopted a radical stand because he wanted to "escape from the limits in which poetry had developed to that point, initially that of the relationship to (polysemic) reality, or phonetic, lettrist, or sound (pansemic) poetry, using none of the usual words of spoken language."[1] It was a question of defying nagging academicism anchored in a self-legitimizing tradition in order to change what *constitutes* poetry. That intention with its programmatic force acts like a break with regard to the past while modifying the author's relationship to his creation. Vis-à-vis *inspired* subjective expression Venet sets in opposition "the rational work of art" made possible by a discursive understanding, for the artist owes it to himself to assume a certain responsibility with regard to knowledge, matter, and concepts. To abandon a metaphysical thinking about artmaking entails a refocusing on the horizontality of the world and a logical, rational way of thinking. To take stock of the advent of this rationality in poetry and its singularity, we need to briefly go back over the origins of his artistic output.

1 – Bernar Venet, quoted in "Bernar Venet. Conjugaisons et divorces de la voix, de l'image et de l'écriture. Poésie – musique – films – performance," Revues parlées, Paris: Centre Georges Pompidou, 2002.

Expression of the Neutral

Born in Château-Arnoux-Saint-Auban in Alpes-de-Haute-Provence (France), Bernar Venet began producing art in the early 1960s. His initial pieces show the influence of Fluxus and the Japanese artists of the Gutai movement. That influence is clearly visible in the introduction of chance and gestuality through splashes and drips of paint or tar. His work

Il n'y a qu'un moyen de faire avancer la poésie
C'est de donner tort à la poésie déjà constituée
Autant dire de changer sa constitution.
Bernar Venet, « Il n'y a qu'un moyen »

« Changer la constitution » de la poésie pour faire œuvre est une condition préalable à la création de Bernar Venet. Connu dès 1967 comme artiste conceptuel, Bernar Venet s'attaque à la syntaxe et à la substance poétique, tout en s'inscrivant dans une certaine histoire de la poésie qui a bouleversé les conventions admises. Depuis le XIXe siècle, la poésie a connu nombre de mutations, surtout depuis Stéphane Mallarmé avec son célèbre poème, « Un Coup de dés jamais n'abolira le hasard ». Sa réflexion sur le rôle des « blancs » créateurs d'un rythme plus ou moins rapide auquel participe la typographie variable aux repères abolis, amène l'idée d'un espace figuré signifiant. Progressivement, les poètes s'affranchissent des conventions pour adopter d'autres schèmes formels et annoncer une nouvelle conception du signe linguistique. Auparavant, le choix du signifiant était soumis aux règles métriques, à la versification qui fixent sa pratique et son usage, un procédé évident dans le cas de la rime. Le *vers libre* est l'emblème de cette poésie qui n'obéit à aucune structure régulière et qui entraîne un questionnement sur le signifiant dans son rapport au signifié qui lui est lié. Notons aussi les expériences des dadaïstes et des futuristes – tant italiens que russes – qui ont été décisives dans leur approche du mot parfois distordu, parfois dilaté ou à l'extrême démembré afin d'explorer sa qualité expressive tant visuelle que sonore. Après la Seconde Guerre mondiale, c'est une problématique envisagée par la *poésie concrète*, avec la notion de « concrétion » qui s'adresse à la matérialité du signe, et par la *poésie visuelle* qui s'attache à l'ensemble des propriétés du texte dans sa capacité à produire une signification.

Face à cette histoire de la poésie, Bernar Venet prend un parti radical car il veut s'« évader des limites dans lesquelles la poésie s'était jusqu'alors développée : celle tout d'abord d'une relation à la réalité (polysémique) ou alors la poésie phonétique, lettriste ou sonore (pansémique), n'utilisant pas les mots habituels du langage parlé[1]. » Il s'agit de braver l'académisme lancinant, ancré dans une tradition qui s'auto-légitime pour changer la *constitution* de la poésie. Cette intention à la force programmatique agit comme une rupture face au passé tout en modifiant le rapport de l'auteur à sa création. À l'expression subjective *inspirée*, Bernar Venet oppose « l'œuvre d'art rationnelle » permise par une connaissance discursive car l'artiste se doit d'assumer une responsabilité face au savoir, à la matière et aux concepts. Se départir d'une pensée métaphysique de la création engage un recentrement sur l'horizontalité du monde et sur une pensée logique et rationnelle. Pour mesurer l'avènement de cette rationalité en poésie et sa singularité, il est nécessaire de faire un bref rappel de la genèse de sa production artistique.

[1] Propos de Bernar Venet, dans « Bernar [Ven]et. Conjugaisons et divorces de la voix, de [l'im]age et de l'écriture. Poésie — musique — [art]s — performance », dans *Revues parlées*, Centre Georges Pompidou, Paris, 2002.

[L']expression du neutre

Né à Château-Arnoux-Saint-Auban dans les Alpes de Haute-Provence, Bernar Venet amorce une création artistique au début des années 1960. Dans ses premières œuvres, l'influence de Fluxus et des artistes japonais du Gutai peut être décelée. L'introduction de l'aléatoire et de la gestualité par des giclées et des coulures de peintures ou de goudron le traduit. Son œuvre sonore est en directe lignée avec l'approche musicale

with sound descends directly from the musical approach of John Cage, whom he met on several occasions. An avant-garde musician, Cage challenged the musical world by placing chance and indeterminacy front and center in his output and reducing the figure of the author. The notion of indeterminacy implies listening to sounds that are external to the composition, something that permeates Bernar Venet's sound pieces. For "Tar Gravel" (1963), Bernar Venet placed a tape recorder on a wheelbarrow that he pushed over the gravel-covered ground. He recorded unplanned sounds produced by the friction of the wheelbarrow on the gravel, revealing the raw, concrete property of the materials. During a Fluxus festival that Ben Vautier put together in 1963, Bernar Venet shot his first film, "Tarmacadam". He placed his camera on the hood of a car and simply filmed the road. The concrete dimension of Bernar Venet's art is seen in Fluxus, too, as is the critique of subjective expression by the author; the difference lies in how art is understood, for Bernar Venet rejects the question of *anti-art*.[2] The concept does not seek to create a new artistic language as Duchampian non-art does with its principle of esthetic negation. Rather it aims to eradicate art because of its power in society and is based on the utopia of a creative democracy.

2 – Véronique Perriol, interview with Bernar Venet, 18 April 2004, Paris, France.

Venet's aspirations led him beyond the politically tinged art/anti-art contrast and prompted him to put an end to his painting because of his critique of the creative gesture. He therefore distanced himself from Fluxus and embraced other artistic encounters. For the *Impact* exhibition at the Céret Museum in July 1966, he wanted to have a steel tube made whose ends would be cut so as to form beveled edges. Lacking the money to do so, he exhibited a drawing done on graph paper specifying the technical characteristics of the tube. It was the artist's first diagram to point to the idea of an outside design and involving industry. He was later able to produce the tube, putting it along with its diagram on display, and introducing a relationship of designation between the object and its representation. That diagram stands as the founding act of a new artistic approach in which the modalities of making art are no longer those of a completed object but rather of a definition and a *conceptualization* of an object. In 1966, Venet made his first trip to New York and initially stayed at a YMCA in Chelsea and then at the Tribeca studio of Arman, who introduced him to the collector Babette Newburger. Through her he connected with the New York art milieu. He discovered minimal art at the *Jean and Howard Lipman Collection* exhibition at the Whitney Museum, which deeply resonated with his own experiments and defined a conceptual direction that proved more akin to minimal art than to Fluxus. His approach coincided with the emerging output of artists like Lawrence Weiner and Joseph Kosuth. The conceptual orientation of the diagram opened a new and altogether innovative direction for his art and Bernar Venet set off down that path. He now turned his attention to the underlying codes of a particular representation or more broadly a communication, whether visual or auditory, figurative or abstract. He was looking for a neutrality of the code and began manually transcribing onto the canvas diagrams and equations taken from mathematics and chemistry books, even textbooks. For Bernar Venet "the painting, the displayed object, wasn't to be seen as such; its aim was to point up the semantico-syntactic structure of its linguistic system. It is to be seen as an attempt to lend the piece a semantics unambiguously corresponding to the syntax on display."[3]

3 – Bernar Venet, "Pourquoi l'utilisation des mathématiques ?" *La Part de l'œil*, dossier: "Pensée des sciences, pensée des arts plastiques" 2, Brussels: Presses de l'Académie Royale des Beaux-arts de Bruxelles, 1986, 100.

The painting is therefore a reflection on the code, in particular the mathematical code, within the context of art. The use of mathematical signs guarantees the elimination of style and the neutralization of formal elements in the work. Theoretical arguments for this

de John Cage qu'il rencontre à plusieurs reprises. Musicien d'avant-garde, John Cage a lancé un défi au monde musical en plaçant le hasard et l'indéterminé au centre de sa création par un retrait de la figure de l'auteur. La notion d'indétermination implique une écoute des sons extérieurs à la composition, qui imprègne des œuvres sonores de Bernar Venet. Pour *Gravier goudron* (1963), Bernar Venet dispose un magnétophone sur une brouette qu'il déplace sur un sol de graviers. Il enregistre des sons non prévus produits par le frottement et révèle ainsi la propriété brute, concrète des matériaux. Lors d'un festival Fluxus organisé en 1963 par Ben Vautier, Bernar Venet réalise son premier film *Tarmacadam*. Il met la caméra sur le capot de la voiture et filme la route. La dimension concrète dans l'art de Bernar Venet est commune avec Fluxus, tout comme par ailleurs la critique d'une expression subjective de l'auteur, mais la différence s'établit dans la compréhension de l'art, car Bernar Venet rejette la problématique de l'*anti-art*[2]. Cette notion ne cherche pas la création d'un nouveau langage artistique, tel que le fait le non-art duchampien avec son principe de négation esthétique. Elle vise à l'éradication de l'art en raison de son pouvoir dans la société et se fonde sur l'utopie d'une démocratie créative.

Les aspirations de Bernar Venet le conduisent au-delà de l'opposition art/anti-art à visée politique et le poussent à arrêter la peinture en raison d'une critique du geste créatif. Il s'éloigne donc de Fluxus pour se livrer à d'autres rencontres artistiques. Pour l'exposition *Impact* au musée de Céret en juillet 1966, il souhaite faire fabriquer un tube en acier dont les extrémités sont taillées en biseau. Faute d'argent, il montre un dessin exécuté sur papier millimétré qui précise les caractéristiques techniques du tube. C'est le premier diagramme de l'artiste qui amène l'idée d'une conception extérieure, relevant de l'industrie. Plus tard, il réalise ce tube en le présentant conjointement au diagramme, instaurant un rapport de désignation entre l'objet et sa représentation. Ce diagramme est l'acte fondateur d'une nouvelle démarche artistique où les modalités de création ne sont plus celles d'un objet fini, mais d'une définition et d'une conceptualisation d'un objet. En 1966, Bernar Venet fait son premier voyage à New York et loge tout d'abord dans un YMCA à Chelsea, puis à Tribeca dans l'atelier d'Arman qui lui fait rencontrer une collectionneuse, Babette Newburger. Grâce à elle, il entre en contact avec le milieu artistique new-yorkais. Il découvre l'art minimal lors de l'exposition *Jean and Howard Lipman Collection* au Whitney Museum, qui a un écho profond dans ses recherches et définit une orientation conceptuelle plus proche de l'art minimal que de Fluxus. Sa démarche artistique coïncide avec la production émergente d'artistes tels que Lawrence Weiner et Joseph Kosuth. L'orientation conceptuelle du diagramme ouvre une direction artistique tout à fait novatrice dans laquelle s'engage Bernar Venet. Il s'intéresse alors aux codes qui sous-tendent une représentation et plus largement une communication visuelle ou auditive, figurative ou abstraite. Il recherche une neutralité du code et retranscrit manuellement sur des toiles des schémas et des équations issus de livres de mathématiques, de chimie ou encore de manuels scolaires. Pour lui, « Le tableau, l'objet exposé, n'était pas à voir en tant que tel, son but était de mettre en évidence la structure sémantico-syntaxique de son système linguistique. À voir comme une tentative de donner à l'œuvre une sémantique correspondant sans équivoque à la syntaxe présentée[3]. »

Il s'agit donc d'une réflexion sur le code, en particulier mathématique, dans le contexte de l'art. L'usage de signes mathématiques assure l'élimination du style et la neutralisation des données formelles au sein de l'œuvre. Cette démarche trouve des

Véronique Perriol, entretien avec Bernar …et, 18 avril 2004, Paris, France.

Bernar Venet, « Pourquoi l'utilisation des …hématiques ? », in *La Part de l'œil*, dossier : …ensée des sciences, pensée des arts plas-…es » n°2, p. 100. Presses de l'Académie Royale … Beaux-arts de Bruxelles, 1986.

approach are found in an analysis proposed by Jacques Bertin, who published a *Graphics of Semiology* (*Sémiologie graphique*, 1967),along with an article, "La Graphique," in 1970, which summarizes his thinking in this area.[4] The first references to this semiology appear in a 1974 interview with the artist, and his discovery of Bertin's work reassured him with respect to the direction his own research was taking. Bertin distinguishes three degrees in the meaning attributed to the signs he analyzes in this way:

4 – Jacques Bertin, *Sémiologie graphique.* Paris: Éditions Mouton & Cie, École Pratique des Hautes Études, 1967.

Jacques Bertin, "La Graphique," *Communications* 15, Paris, the Hague: Édition Gauthier-Villars, 1970, 169-185.

		SYSTEM OF PERCEPTION	
		hearing	visual
MEANINGS	pansemic	music	non-figurative image
ATTRIBUTED	polysemic	language	figurative image
TO SIGNS	monosemic	mathematics	graphic image

A figurative image, be it a photograph or a painting, always conveys a certain ambiguity. When it is viewed, the question of identifying signs and their meaning arises without its eliciting a unique response. Multiple meanings for one and the same object are possible, whence *polysemy*. Just like the figurative image, abstraction raises the question of identification and characterization of what one is seeing. An abstract painting is an image that means nothing and yet at the same time can indeed mean everything, entailing a *pansemy* that should be understood as an extrapolation from *polysemy*. Bernar Venet realized that art had employed the first two degrees, which encompass figurative work and abstraction, but not the third, which he proposed to tackle as a way of renewing and questioning art. The monosemic sign aims for unity and not a plurality through the union of a signifier and a signified, which reduces interpretative activity to a minimum. And following the same argument, Venet adopted mathematical language and not linguistic signs, as was the case with a number of conceptual artists, "Resorting to linguistic signs did not prove sufficient since their meaning is differential and depends on the relationships they maintain in the linguistic chain."[5] The linguistic sign introduces an instability of meaning since its value is variable according to the context. On the other hand, the monosemic sign has a unique meaning that is predefined thanks to a convention, by virtue of a primacy of the signified over the signifier, in order to foster the conditions of a logical reasoning.

5 – Bernar Venet, "À propos de l'art conceptual," *Art conceptuel, Formes conceptuelles*, Paris: Galerie 1900-2000, Galerie de Poche, 1990, 327.

A Different Understanding of the Poetic Sign

Bernar Venet's poetic work needs to be situated in the problematic of a sign that is subjected to a unique signified to foster an immediate and unambiguous understanding in the reader. In his poetry, however, he does use both linguistic and mathematical signs, which might seem contradictory at first. In fact, we shall see that his poetry is not antinomic with respect to his artistic production and offers a number of shared concerns. This paradox, if it is indeed a paradox, arises when one examines his poetic output, whose roots run quite deep, as Bernar Venet recalls in this passage:

> It was in 1967 that the idea came to me. I was at my brother Francis's and that year he was preparing to take an exam in chemical engineering. Out of curiosity I was glancing through some of the books he had to study and I stumbled on a list of products that are called "polymers". That list was made up of such strange names, so far removed from ordinary language with a repetitive character, moreover, that I copied them out in order to read them as a proposed work of poetry. The logic of my intention lay in the fact that for some time I had been using in my work scientifically oriented images and I had done a

Jacques Bertin, *Sémiologie graphique*. [...]tions Mouton & Cie, École Pratique des [...]utes Études, 1967.

[...]ques Bertin, « La Graphique », in [...]*mmunications*, n°15, p.169-185. Édition [...]uthier-Villars, Paris-La Haye, 1970.

arguments théoriques dans l'analyse de Jacques Bertin qui a publié une *Sémiologie graphique* en 1967, puis un article, « La Graphique » en 1970 qui synthétise son propos[4]. Les premières mentions de cette sémiologie apparaissent dans les propos de l'artiste en 1974 lors d'un entretien, et sa découverte le conforte dans l'orientation de ses recherches. Jacques Bertin distingue trois degrés dans la signification attribuée aux signes qu'il analyse de la sorte :

		SYSTÈME DE PERCEPTION	
		audition	visuel
SIGNIFICATION	pansémique	musique	image non figurative
ATTRIBUÉE	polysémique	verbe	image figurative
AUX SIGNES	monosémique	mathématiques	image graphique

Une image figurative, qu'elle soit une photographie ou une peinture, véhicule toujours une certaine ambiguïté. Lors de sa perception, la question de l'identification des signes et de leur signification se pose, sans recevoir une réponse unique. De multiples significations pour un même objet sont possibles, d'où la *polysémie*. Tout comme l'image figurative, l'abstraction pose la question de l'identification et de la qualification de ce que l'on voit. Un tableau abstrait est une image qui ne signifie rien, mais à la fois peut très bien tout signifier, entraînant une pansémie qui est à comprendre comme une extrapolation de la *polysémie*. Bernar Venet constate que l'art a utilisé les deux premiers degrés, que sont la figuration et l'abstraction, mais non pas le dernier, ce qu'il se propose d'entreprendre comme renouvellement et questionnement de l'art. Le signe monosémique vise l'un et non la pluralité, par l'union d'un signifiant et d'un signifié, ce qui réduit l'activité interprétative à son minimum. Et c'est selon le même argument que Bernar Venet adopte le langage mathématique et non les signes linguistiques comme c'est le cas de nombreux artistes conceptuels : « Le recours aux signes linguistiques ne s'avérait pas suffisant puisque leur signification est différentielle et dépend des rapports qu'ils entretiennent dans la chaîne linguistique[5] ». Le signe linguistique introduit une instabilité de sens car sa valeur est variable selon le contexte. Au contraire, le signe monosémique a un sens unique, prédéfini grâce à une convention, en vertu d'un primat du signifié sur le signifiant, afin de favoriser les conditions d'un raisonnement logique.

Bernar Venet, « À propos de l'art concep[...] », in *Art conceptuel, Formes conceptuelles*, [...]27. Galerie 1900-2000, Galerie de [...]che, Paris 1990.

[...]ne compréhension [...]utre du signe poétique

La création poétique de Bernar Venet est à replacer dans cette problématique d'un signe soumis à un unique signifié afin de privilégier une compréhension immédiate et sans ambiguïté chez le lecteur. Pourtant, il use dans sa poésie tant de signes linguistiques que de signes mathématiques ce qui pourrait sembler de prime abord contradictoire. En fait, nous allons voir que sa poésie n'est pas antinomique par rapport à sa production artistique et présente plutôt une communauté de préoccupations. Ce paradoxe, s'il en est un, est levé lorsqu'on examine cette création poétique dont l'artiste en raconte l'origine :

> C'est en 1967 que l'idée m'est venue. Je me trouvais chez mon frère Francis qui se préparait cette année là à passer un examen d'ingénieur chimiste. Tandis que, par curiosité, je parcourais certains livres qu'il devait étudier, je suis tombé sur une liste de produits que l'on appelle « polymères ». Cette liste était composée de noms tellement étranges, si éloignés du langage ordinaire avec en plus un caractère répétitif, que je les ai recopiés dans le but de les lire comme une proposition poétique. Cette intention trouvait sa logique dans le fait que depuis quelques temps j'utilisais dans mon travail des images

dozen paintings or so from chemistry books in particular, the 1966 "Image of the Phenol Molecule" and "Tables of the Atomic Masses of the Principal Elements", also from 1966, and others, too...[6]

6 – Véronique Perriol, interview with Bernar Venet, 18 April 2004, Paris, France.

This link between artmaking and an experience outside the artistic context is a persistent one in the artist's career. Thierry Lenain points out, moreover, that this situation "can be observed at almost each turning point of his development, at the crucial moment when a new solution is invented."[7] Far from being locked in one system of thought, Bernar Venet has enriched his art with a range of experiences and experiments. It is a way of being that is underpinned by a particular focus on reality in connection with his artistic interests.

7 – Thierry Lenain, Bernar Venet. 1961-1963, Toulon: Hôtel des Arts du Conseil Général du Var, 2003, 35.

The foundational poem that Bernar Venet is talking about in his account above is called "Scientific Vocabulary Poem (2) Alphabetical Index" [p. 6]. It is one of the oldest piece and embodies a new creative impulse. Words like "polyalcohols", "polyamides", "polyacrylics", and "polyacrylonitrile" descend the page in alphabetical order, that of the letter "p" of course, but specifically of the prefix "poly". "The use of 'poly'", Ken Allan points out, "involves the reader in the theme of these prefix-related materials, of real substances, resulting in a redirection of poetic attention toward the factual and the materiality of scientific investigations."[8] Through the suffix, a rhythm is forged that returns the reader again and again to the same sound, announcing the passage from one term to the next. The prefix creates a connection but also a break, making the arrival of the succeeding term possible. Semantically, "poly" introduces the notion of otherness because it signifies numerous, abundant, and here heterogeneous through the mixture of substances. In its literal function, "poly" is the arrival of the same through the introduced repetition. The identical and the different structure the poem thanks to a system of variations. The prefix seems to seek out the matter it has to join, as if by proliferation, an extension of a list that might not ever be complete.

8 – Ken Allan, "The A-poetic Poetry of Bernar Venet," Public (Winter 2003), 180.

Some of Bernar Venet's poems use mathematical signs to occasionally form equations and axioms, which is rather rare in poetry. Can mathematical signs make up a poem? Such is the case in "Monostich" [p. 37], which presents a complex mathematical equation. The code creates a signifying opacity that confronts readers with their own knowledge or lack thereof, generating a tension vis-à-vis the information provided. This poem raises the question of the poetic (and no longer the mathematical) concept of this kind of sign. To which the title replies in the affirmative. The term "monostich" signifies a strophe of a single line of verse, a short poetic form used because of its mysterious character which, in the poem, refers to the rather unconventional use of the mathematical sign. Generally the mathematical sign, for scientific language, is thought of as transparent, which René Wellek and Austin Warren point out:

> The ideal scientific language is purely "denotative": it aims at a one-to-one correspondence between sign and referent. The sign is completely arbitrary, hence can be replaced by equivalent signs. The sign is also transparent; that is, without drawing attention to itself, it directs us unequivocally to its referent. Thus scientific language tends toward such a system of signs as mathematics or symbolic logic.[9]

9 – René Wellek and Austin Warren, *Theory of Literature*, New York: Harcourt, Brace and Company, 1949, 12.

If the mathematical sign is conceived as *transparent* because of the primacy of the signified over the signifier and a materiality that is subjected to content, the poetic sign is the very opposite. Indeed, the poetic sign stands out for its *opacity*, that of a signifier that cannot be substituted for another, involving a different kind of semiotic play with the sign. This

> à caractère scientifique et que j'avais réalisé une dizaine de tableaux à partir notamment de livres de chimie : « Image de la molécule du Phénol » (1966) ou bien « Tableaux des masses atomiques des principaux éléments » (1966), et d'autres...[6]

Véronique Perriol, entretien avec Bernar
net, le 18 avril 2004, Paris, France.

Ce lien entre la création et une expérience hors du contexte artistique est persistant dans le parcours de l'artiste. Thierry Lenain précise d'ailleurs que cette situation « s'observe presque à chaque tournant de son itinéraire, au moment crucial où s'invente une solution nouvelle[7] ». Loin d'être enfermé dans un système de pensée, Bernar Venet enrichit sa création d'expériences diverses. C'est un mode d'être sous-tendu par une focalisation particulière sur le réel en relation avec ses intérêts artistiques.

Thierry Lenain, *Bernar Venet. 1961-1963,*
5. Hôtel des Arts du Conseil Général du Var,
lon, 4 juillet-14 septembre 2003.

Le poème fondateur, dont parle Bernar Venet dans son témoignage, s'intitule « Poème vocabulaire scientifique (2) Index alphabétique » [p. 7]. Il est le plus ancien et incarne une nouvelle impulsion créatrice. Des mots, tels que « polyalcools », « polyamides », « polyacryliques », « polyacrylonitrile », s'échelonnent selon l'ordre alphabétique qui est, certes celui de la lettre « p », mais surtout celui du préfixe « poly ». « L'utilisation de "poly", souligne Ken Allan, implique le lecteur dans le thème de ces matériaux reliés par un préfixe, de substances réelles, résultant d'une nouvelle direction de l'attention poétique à travers le factuel et la matérialité de l'investigation scientifique[8] ».Par le suffixe, un rythme est créé ramenant le lecteur à une même sonorité pour signaler le passage d'un terme à un autre. Le préfixe fait lien, mais aussi rupture pour permettre la venue du terme suivant. Sémantiquement, « poly » établit l'altérité en signifiant nombreux ou encore abondant et ici hétérogène par le mélange de substances. Dans sa fonction littérale, « poly » est la venue du même par la répétition instaurée. L'identique et le différent structurent le poème grâce à un système de variations. Le préfixe semble rechercher la matière à laquelle s'associer, comme par prolifération, extension de cette liste qui pourrait ne pas s'achever.

Ken Allan, « *The A-poetic Poetry of*
nar Venet » in *Public*, p.180.
nter, Toronto, 2003.

Certains poèmes de Bernar Venet usent de signes mathématiques pour former parfois des équations et des axiomes, ce qui est peu habituel en poésie. Des signes mathématiques peuvent-ils constituer un poème ? Tel est le cas de « Monostique » [p. 37] qui présente une équation mathématique complexe. Le code crée une opacité signifiante, qui renvoie le lecteur à sa connaissance ou à son absence de connaissance, ce qui produit une tension face à l'information délivrée. Ce poème amène la question de la conception poétique et non plus mathématique de ce genre de signe, ce à quoi répond par l'affirmative le titre. Le terme « monostique » désigne une strophe d'un seul vers, une forme poétique brève utilisée en raison de son caractère énigmatique ce qui, dans le poème, renvoie à l'usage peu convenu du signe mathématique. En général, le signe mathématique est conçu comme transparent pour le langage scientifique ce que René Wellek et Austin Warren précisent :

> Le langage scientifique idéal est purement « dénotatif » : il vise à établir une correspondance terme-à-terme entre signifiant et signifié. Le signifiant est totalement arbitraire et peut donc être remplacé par des signifiants équivalents. De plus, le signifiant est transparent ; c'est-à-dire que, sans attirer l'attention sur lui-même, il nous oriente sans ambiguïté vers son signifié. Ainsi le langage scientifique tend vers un système de signifiants du type des mathématiques ou de la logique symbolique.[9]

René Wellek et Austin Warren,
Théorie littéraire, p.32.
tions du Seuil, Paris, 1971.

dichotomy between mathematic and poetic signs, while theoretically valid, is annulled by some of Bernar Venet's poems. Moreover, the same dichotomy does not dispose a reader to grasp all of his poetry, unless it is by introducing a common limit, a tangent that would be akin to a *zero degree* of writing. Roman Jakobson proposed another approach to poetry without resorting to the opacity of the sign, "But how does poeticity manifest itself? Poeticity is present when the word is felt as a word and not a mere representation of the object being named or an outburst of emotion, when words and their composition, their meaning, their external and inner form, acquire a weight and value of their own instead of referring indifferently to reality."[10] Poeticity lies in the reflexivity of the sign that aims for the message itself, without favoring the referent, which, for all that, is not excluded. This amounts to introducing the presence of the sign as participating in the sense. And yet poeticity must be the dominant function in order to speak about poetry. Does this hold for a poem made up of mathematical signs?

10 – Roman Jakobson, "What Is Poetry?" *Language in Literature,* Cambridge, Mass., and London: The Belknap Press, Harvard University Press, 1987, 378.

"Another Approach to the Infinite" [p. 31] is a simple division whose result seems to endlessly chase itself—providing the title with its first justification. Such a case demands that the dividend is never a multiple of the divisor and that a remainder subsists in order to start off a new operation. The dividend is written in four different ways, the simplest being the fraction "10/9." These different notations are connected by an equal sign indicating the many possible ways for approaching a number. The last is especially interesting. The gradual reduction of a value thanks to the divisor generates a noting of the dividend that is both incomplete and incompletable. The dividend is given in a series of steps that runs on infinitely in the very act of writing the series out. In other words, this is a rational understanding of the infinite and is allowed by mathematics. It stands in contrast to the idea of the unnamable that is occasionally present in poetry. Indeed, this theme of the infinite might be subject to such an expression because of the difficulty of approaching it and could generate an imaginary, even mystical, involvement. It is worth recalling that Descartes, in his *Principles of Philosophy,* substitutes the word "infinite" for "indefinite/undefined" to characterize the field in which human thought can develop. The word "infinite", according to him, must be limited to God. He points out "that it is not needful to enter into disputes regarding the infinite, but merely to hold all that in which we can find no limits as indefinite."[11] In this case, the indefinite/undefined can be studied, allowing one to expand the horizons of human knowledge. On the other hand, the infinite is inaccessible and assimilated to God, the foundation of everything. Bernar Venet's poem therefore runs counter to both a metaphysical conception of the infinite and a poetry of the ineffable. And it demonstrates that the infinite can be approached rationally and poetically at the same time. If for Jakobson, the "poetic" is that writing which takes its form for its subject, then "monosemic" poetry achieves that end. The division produces movement, an application of calculation to the infinite as an incompletable quest. The mathematical sign permits the introduction of a different mode of poetic utterance.

11 – René Descartes, *Principles of Philosophy* (1647), §26, trans. John Veitch LL.D.

A Poetry of Détournement

In Bernar Venet's poetry, détournement (hijacking, rerouting, putting something to work for one's own ends) is of prime importance. Whether borrowed from specialized works or no, mathematical or textual utterances are sampled and act like disruptors for the world of poetry. The idea of sampling in poetry is quite venerable, moreover, while touching on, in the visual arts, collage and the Duchampian readymade, and in literature, the Brion Gysin and William Burroughs notion of the cut-up. Starting in the 19th century, Isidore

Si le signe mathématique est conçu comme *transparent*, en raison du primat du signifié sur le signifiant et d'une matérialité soumise au contenu, le signe poétique se situe à l'opposé. En effet, le signe poétique se caractérise par son *opacité*, celle d'un signifiant non substituable à un autre, engageant un jeu sémiotique autre sur le signe. Cette dichotomie entre signes mathématiques et poétiques, théoriquement valide, est abolie par certains poèmes de Bernar Venet. Elle ne permet d'ailleurs pas d'approcher toute sa poésie, si ce n'est par l'introduction d'une limite commune, une tangente qui serait proche d'un *degré zéro* de l'écriture. Roman Jakobson propose une autre approche de la poésie sans avoir recours à l'opacité du signe : « Mais comment la poéticité se manifeste-t-elle ? En ceci, que le mot est ressenti comme mot et non comme simple substitut de l'objet nommé ni comme explosion d'émotion. En ceci, que les mots et leur syntaxe, leur signification, leur forme externe et interne ne sont pas des indices indifférents de la réalité, mais possèdent leur propre poids et leur propre valeur[10] ». La poéticité réside dans la réflexivité du signe qui vise le message lui-même, sans privilégier le référent qui n'en est pas pour autant exclu. C'est introduire la présence du signe comme participant au sens. Mais encore faut-il que la poéticité soit la fonction dominante pour pouvoir parler de poésie. Cela est-il valable pour un poème constitué de signes mathématiques ?

- Roman Jakobson, *Huit questions de [po]étique*, p.46. Éditions du Seuil, Paris, 1977.

« Une autre approche de l'infini » [p. 31] est une simple division dont le résultat semble se poursuivre sans fin. Le titre trouve là sa première justification. Un tel cas nécessite que le dividende ne soit jamais le multiple du diviseur et qu'un reste subsiste pour enclencher de nouveau l'opération. Le dividende est écrit de quatre manières différentes, dont la plus simple est la fraction « 10/9 ». Ces différentes notations sont reliées par un signe égal qui indique les possibilités multiples d'aborder un chiffre. La dernière est d'un intérêt particulier. Le retranchement progressif d'une valeur grâce au diviseur engendre une écriture du dividende inachevée et inachevable. Le dividende se donne par étapes successives qui se poursuivent à l'infini d'après l'opération en cours. Le poème introduit ainsi la notion d'infini dans l'écriture elle-même. Il s'agit d'une conception rationnelle de l'infini, permise par les mathématiques, qui s'opposerait à l'idée d'innommable parfois présente en poésie. En effet, cette thématique de l'infini pourrait être sujette à une telle expression en raison de sa difficulté d'approche et susciter un investissement imaginaire, voire mystique. Il faut rappeler que Descartes, dans les *Principes de la philosophie*, substitue le mot « infini » à celui de « indéfini » pour qualifier le domaine où la pensée humaine peut se développer. Le mot « infini » doit être réservé, selon lui, à Dieu. Il précise « Qu'il ne faut point tâcher de comprendre l'infini, mais seulement penser que tout ce en quoi nous ne trouvons aucune borne est indéfini[11] ». Dans ce cas, l'indéfini peut faire l'objet d'une investigation et permettre de repousser les limites de la connaissance. Par contre, l'infini est l'inaccessible et assimilé à Dieu qui est le fondement de tout. Le poème de Bernar Venet s'oppose donc tant à une conception métaphysique de l'infini qu'à une poésie de l'ineffable. Et il démontre que l'infini peut être abordé à la fois rationnellement et poétiquement. Si pour Jakobson, le « poétique » est cette écriture qui prend sa forme pour objet, la poésie « monosémique » y parvient. La division produit un mouvement, un déploiement du calcul à l'infini, comme une quête inachevable. Le signe mathématique permet donc l'instauration d'un mode d'énonciation poétique autre.

René Descartes, *Principes de la philoso[phi]e*, §26 ; §27, p.31-32. [...]alain Frères, Paris, 1647.

12 – Isidore Ducasse, known as Comte de Lautréamont, *Poésies II*, Paris: Librairie Gabriel, 1870, 6.

Ducasse, known as Comte de Lautréamont, called for a poetry that is "already made" (*déjà faite*), "Plagiarism is necessary. Progress implies it."[12] The creative act can be then détournement or appropriation. With Lautréamont, this kind of creativity undermines the moral principle of the source and favors a living poetry, an utterance that is renewed in the practice. It was likewise the Dadaist Tristan Tzara who proposed a novel process for poetic détournement based on chance. To compose a Dadaist poem, all one need do is cut up a text from the newspaper, then choose the different bits as if drawing lots and compose a poem by following the order of the draw. Chance is employed as a process for freeing the mind beyond any influence of the ideological apparatus and any reference to a style or literary content. Anyone then can make a Dadaist poem by grabbing a newspaper, which once again recalls the visionary Lautréamont when he states that "poetry must be made by all. Not by one only."

In Bernar Venet's work, the sampling involves mathematical language, but also concerns ordinary language subjected to codes, in this instance grammar and analytical logic, which govern the conventions and uses of language. The artist's recent poems largely cover this practice. The poem titled "Un lisere deux doigts de sable glisse par l'huis du jour boiteux" [p. 71] consists of a grammatical and logical analysis of that very sentence. Taken from a handbook on grammar, the analysis dissects the elements forming the sentence, their function, and the rules of syntax. The particular code of language is manipulated by yet another code—grammar equipped with a specific vocabulary—acting like a metalanguage. The poem reveals that what makes sense for the reader in the end is the metalanguage, although at the price of losing the meaning of the analyzed sentence. Dissecting language to better understand it paradoxically brings with it a loss, a by-passing of the text itself. The style, that is the marks of the subjective that are peculiar to an author, is wiped out by grammatical theory. Contrasting with the fluidity of meaning and semantic subtleties are the raw data of language, with its formulations, rules, and statistics. Some poems seem to originate in a grammar textbook for children with the explanation of the "direct object" [p. 278] and "indirect object" [p. 280], while other poems feature phrasal analysis. These poems reflect the learning that is necessary if one is to master a language, something that is accomplished through exercises starting at a young age. Every code refers a more or less strict ideology governing its use. In *The Society of the Spectacle,* Guy-Ernest Debord elaborates a distinction between détournement and citation:

> Détournement is the antithesis of quotation, of a theoretical authority invariably tainted if only because it has become quotable, because it is now a fragment torn away from its context, from its own movement, and ultimately from the overall frame of reference of its period and from the precise option that it constituted within that framework. Détournement, by contrast, is the fluid language of anti-ideology. .... Détournement founds its cause on nothing but its own truth as critique at work in the present.[13]

13 – Guy Debord, *The Society of the Spectacle*, trad. Donald Nicholson-Smith, New York: Zone Books, 1995, § 208, p.145-146.

Quotation serves the power of the utterance since it demonstrates and legitimates a discourse. Détournement does not correspond to this logic since, as a sampled element, it is only supposed to be of worth for itself. It is a delocalized element, a practice that can be likened to a cutting out, a removal. This is why Bernar Venet does not mention his sources so as not to serve whatever ideology is currently dominant. On the contrary, he deactivates it by putting it on display. One poem called "Exchange Rate" [p. 253] clearly points up the ideology of the code and the force of détournement. The poem features a range of currencies

ne poésie
e détournement

Dans la poésie de Bernar Venet, le détournement possède une fonction cardinale. Des propositions mathématiques ou textuelles, issues d'ouvrages spécialisés ou non, sont prélevées et agissent tels des agents perturbateurs de l'univers poétique. L'idée de prélèvement en poésie est du reste ancienne, tout en croisant en arts plastiques le collage, le ready-made duchampien et, en littérature, la notion de *cut-up* de Brion Gysin et William Burroughs. Dès le XIXe siècle, Isidore Ducasse, Comte de Lautréamont, en appelle à une poésie *déjà faite* : « Le plagiat est nécessaire. Le progrès l'implique[12] ». La création est ainsi détournement et appropriation. Avec Lautréamont, ce genre de création sape le principe moral de la source pour privilégier une poésie vivante, un dire qui se renouvelle dans la pratique. C'est aussi le dadaïste Tristan Tzara qui propose un procédé de détournement poétique novateur grâce au hasard. Pour composer un poème dadaïste, il suffit de découper un texte de journal, puis de tirer au sort les morceaux et composer un poème en suivant l'ordre du tirage. Le hasard est utilisé comme un procédé de libération mentale hors de toute emprise de l'appareil idéologique et de toute référence à un style ou à un contenu littéraire. Dès lors, tout un chacun peut faire un poème dadaïste en prenant un journal, ce qui rejoint de nouveau le visionnaire Lautréamont lorsqu'il dit : « La poésie doit être faite par tous. Non par un ».

Isidore Ducasse, dit Comte de ‹tréamont, *Poésies II*, p.6. ‹airie Gabriel, Paris, 1870.

Chez Bernar Venet, le prélèvement porte sur le langage mathématique, mais il concerne aussi le langage ordinaire soumis à des codes, en l'occurrence la grammaire et la logique analytique qui règlent les conventions et usages de la langue. Les poèmes récents de l'artiste rendent largement compte de cette pratique. Le poème « Un lisere deux doigts de sable glisse par l'huis du jour boiteux » [p. 71] consiste en l'analyse grammaticale et logique de cette phrase. Issue d'un manuel de grammaire, l'analyse dissèque les éléments constitutifs de la phrase, leur fonctionnement et les règles de syntaxe. Le code qu'est le langage est manipulé par un autre code – la grammaire pourvue d'un vocabulaire spécifique – qui agit tel un métalangage. Le poème révèle que ce qui fait sens pour le lecteur est finalement le métalangage, au prix de perdre le sens de la phrase analysée. Disséquer le langage pour mieux le comprendre amène paradoxalement une perte, un évitement du texte lui-même. Le style, les marques du subjectif propres à un auteur sont annihilés par la théorie grammaticale. À la fluidité du sens et aux subtilités sémantiques se confrontent les données brutes du langage, avec ses formulations, ses règles et ses statistiques. Certains poèmes semblent provenir d'un manuel de grammaire pour enfant, avec l'explication du « complément d'objet direct » [p. 279] et du « complément d'objet indirect » [p. 281], tandis que d'autres poèmes invitent à une analyse de phrase. Ces poèmes reflètent l'apprentissage nécessaire à la maîtrise d'une langue, ce qui se fait dès le plus jeune âge par des exercices. Tout code renvoie à une idéologie, plus ou moins stricte, qui gère son usage. Dans *La société du spectacle*, Guy-Ernest Debord élabore une distinction entre détournement et citation :

> Le détournement est le contraire de la citation, de l'autorité théorique toujours falsifiée du seul fait qu'elle est devenue citation ; fragment arraché à son contexte, à son mouvement, et finalement à son époque comme référence globale et à l'option précise qu'elle était à l'intérieur de cette référence, exactement reconnue ou erronée. Le détournement est le langage fluide de l'anti-idéologie. [...] Le détournement n'a fondé sa cause sur rien d'extérieur à sa propre vérité comme critique présente.[13]

Guy-Ernest Debord, *La Société du ‹ctacle*, p. 199. Gallimard, Paris, 1992.

(before the euro was launched) such as the Franc, Deutsche Mark, Lira, Florin, Dollar, etc., and to each is associated an exchange rate in another currency. The exchange rate makes it possible to set a common value at a certain moment between different countries, enabling one to make a purchase or a sale. The value of the currency is established in a specific time and place, and fluctuates with the ebb and flow of supply and demand. The stock exchange employs an *abstract* currency through language while denoting, not a clear and distinct reality, but rather a spatiotemporal fluctuation. Specie and gold-money, on the other hand, refer to a concrete and relatively stable element. Bernar Venet's poem presents a written statement of the stock market rate, which freezes one instant in the fluctuation, a given day, and denotes nothing else. Through détournement, the poem shows the process by which language is convertible into *abstract* money, reflecting a world without imagination in which the signifier is only operational inside a system. The economy is a cultural and ideological concept, untethered from daily life, which impacts language itself. The poetic act makes it possible to show this bankruptcy of a language that is convertible into money, where everything becomes volatile and inconsistent. With Marcel Duchamp, the ready-made deprives the object of its function. An object that has become a ready-made cannot be used since it is set out to be viewed. With Bernar Venet, the poetic ready-made obliterates the ideological communication of language. Object and language are a pure presence in an esthetic indifference, purged of all style.

The accumulation of signs

The list is radical, a mode of discourse that in itself signifies and does not allow the development of a complete sentence. While often encountered in Bernar Venet's poetry, the list is no less an utterance that has had its uses in literature since the Middle Ages thanks to enumerations, collection effects, and inventories. The list ensures a reconnaissance of the world and things while reflecting the verbal wealth of language and its mastery by the speaker or writer. In Bernar Venet's poetry it becomes a *textual figure* and fulfills a specific role having a range of applications such as the index, synonyms, and systems of variations or opposites that create a massing of the sign to the point of disrupting syntax. This form of writing concerns the fluidity of language and the continuity of discourse, proposing an impromptu and singular order. Thus a poem titled "Poem Composed of" [p. 200] enumerates the components of the poem in the form of a list, i.e., the number of letters, words, numbers, marks of punctuation, and diacritical marks the text contains. The information furnished by the list is very selective and bears on the materiality of the text, not its meaning. The list quantifies the textual data and becomes its own generator of signs, engendering a poetics of enumeration, a reflexive form of the approach to the text.

With the list, the articulation of signs between themselves is no longer established according to the syntagmatic axis of language, but rather vertically, according to a varying range of principles. The list cannot be understood as a simple series of words with no genuine link between them and whose only coherence is the fact that they play a part in the whole that is the poem. The list allows one to develop a text in space, breaking with the linearity of discourse and prose. A poetic list like "Untitled (to Don Judd)" [p. 171] is an homage to the artist, a friend of Bernar Venet's. The list begins with "Untitled 1962" and continues down the page, repeating the same phrase, albeit varying the year in each line with the addition of one year until 1993. The absence of the year 1994 stands as the negative announcement of the artist's death on 12 February 1994. The list also references the art of Donald Judd, whose began his body of work in 1962 with pieces he often failed to give a title to, a way of

La citation sert le pouvoir de l'énonciation car elle démontre, légitime un discours. Le détournement ne correspond pas à cette logique car, comme élément prélevé, il n'est censé valoir que pour lui-même. Il est un élément délocalisé, pratique qui est assimilable à un découpage. C'est pourquoi Bernar Venet ne mentionne pas ses sources afin de ne pas servir l'idéologie en cours. Au contraire, il la désactive en la montrant. Un poème intitulé « Cours de Change » [p. 253] indique pleinement l'idéologie du code et la force du détournement. Ce poème présente différentes monnaies (avant la venue de l'euro) avec le franc, le deutschemark, la lire, le florin, le dollar, etc.... et à chacune d'elles figure un taux de change dans une autre monnaie. Le cours de change permet à un moment donné de fixer une valeur commune entre différents pays afin de pouvoir faire un achat ou une vente. La valeur de la monnaie s'établit dans un temps et un espace spécifiques et fluctue au rythme de l'offre et de la demande. La bourse fait usage d'une monnaie *abstraite* par le langage, sans pour autant désigner une réalité claire et distincte, mais une fluctuation spatio-temporelle. À l'opposé, la monnaie-or renvoie à un élément concret et relativement stable. Le poème de Bernar Venet présente une écriture des cours de la bourse qui fige un instant de fluctuation, un jour donné et ne désigne plus rien. Par le détournement, le poème montre le processus où le langage est convertible en monnaie *abstraite*, reflétant un monde sans imaginaire où le signifiant est opératoire seulement dans un système. L'économie est une conception culturelle et idéologique, déliée de la vie quotidienne, ce qui affecte le langage lui-même. L'acte poétique permet de montrer cette faillite du langage convertible en monnaie, où tout devient volatile, inconsistant. Avec Marcel Duchamp, le ready-made prive l'objet de sa fonction. Un objet devenu un ready-made ne peut être utilisé, car il est exposé au regard. Avec Bernar Venet, le ready-made poétique annihile la communication idéologique du langage. Objet et langage sont une pure présence dans une indifférence esthétique, nettoyée de tout style.

accumulation
es signes

Radicale, la liste est un mode d'énonciation en lui-même signifiant et qui n'admet pas le développement d'une phrase. Très présente dans la poésie de Bernar Venet, la liste n'en demeure pas moins un énoncé utilisé en littérature depuis le Moyen Âge grâce à des énumérations, des effets de collection ou encore des inventaires. La liste assure un repérage du monde et des choses, tout en reflétant la richesse de la langue et sa maîtrise par le locuteur. Dans la poésie de Bernar Venet, elle devient une *figure textuelle* et remplit un rôle spécifique avec des applications variées comme l'index, les synonymes, les systèmes de variations, d'oppositions qui créent une massification du signe perturbant la syntaxe. Cette écriture touche la fluidité du langage, la continuité du discours pour proposer un ordre impromptu et singulier. Ainsi un poème intitulé « Poème composé » [p. 201] dénombre sous forme d'une liste les composants d'un poème, à savoir le nombre de lettres, de mots, de chiffres, de ponctuations et d'accents. L'information fournie par la liste est très sélective et concerne la matérialité du texte et non sa signification. La liste quantifie des données textuelles et devient son propre générateur de signes pour engendrer une poétique du dénombrement, une forme réflexive d'approche textuelle.

Avec la liste, l'articulation des signes entre eux ne s'établit plus selon l'axe syntagmatique du langage, mais de préférence verticalement selon des principes variables. La liste ne peut être comprise comme une simple suite de mots, sans lien véritable entre eux et dont la seule cohérence serait de participer au tout qu'est le

freeing himself from any expressive character. Made up of three-dimensional "specific objects", Judd's work exists in real space, avoiding the illusionism of painting and the anthropomorphism of sculpture. Certain works feature units that are reduced to one specific volume, material and color; these are stacked up and embedded in the wall, conjuring up the same effect of the list that runs through Bernar Venet's output. The distribution of signs via lists or boxlike units in Judd's work highlights concrete space, whether of the page or the room, in order to reveal the presence of things. In this homage to Donald Judd, one can see a complicity between the two men's approach to art, touched with modesty and a detached neutrality.

The list offers a particular structure and becomes a way of classifying that is a producer of meaning. Nonetheless, the semantic dimension of each word is not elided for all that, but dialogues with the spatial distribution that is peculiar to the list. For example, "Synonyms (1)" [p. 130] adopts two lists, one laid out horizontally and the other vertically. This configuration conveys meaning and corresponds to two distinct paradigmatic sets. The vertical list can be understood in terms of the theme of creativity, and the horizontal one in terms of the theme of lacking, even mediocrity. The vertical list begins with a positive idea of creativity, singling out such concepts as imagination, conception, inspiration, and inventiveness, before confronting the horizontal list. The break is abrupt, both structurally and semantically. The paradigm I have identified as being devoted to lacking proposes terms that underscore the absence of skills, experiences, and knowledge, which can all be likened to "foolishness", "clumsiness", and "ineffectualness". Although the vertical list goes on after this, it remains stained by the encounter with the other series. It is still determined by the initial theme but in its negative approach, i.e., that of a creativity subjected to conventions out of respect for a certain tradition and an academism. The list thus introduces a particular division that generates meaning outside of any traditional syntax. It brings with it a formal tension in a discourse that is absent because of the minimal units employed and the spatiality introduced by the typographical form the utterance assumes.

The accumulation of synonyms allows one to point up the instability of meaning that a word can have. The synonymy creates an equivalence between the terms, an equivalence that can be logical, semantic, or stylistic. The selection of one word involves differences that also enable one to refine a thought and refer to a finer point of usage. The synonyms reflect the different senses that society bestows on a word. It is a measure of the language's use, even of its wear and tear. But synonymy possesses a specific role within society. "It is the possibility of saying the same thing in several ways, it is synonymy, which permits language to divide itself up; and synonymy is a statutory, structural, and in a way 'natural' datum of language; but the war of languages is not 'natural': it occurs where society transforms difference into conflict..."[14] Roland Barthes detects a power in language that is expressed when it is being practiced. This "war of languages" refers to mastery and different usages. Each person is a prisoner of her or his language, which is determined by her or his background. This is why synonymy is considered a power in its capacity for multiple exploitation and designation of a vast field.

14 – Roland Barthes, *The Rustle of Language*, trans. Richard Howard, New York: Farrar, Straus and Giroux, 1986, 108.

In a poem called "VLF" [p. 161], this notion of use is fully experienced. Basically it consists of a list of abbreviations, the last one being "BV", the initials of the artist, which are separated from the list by a blank line. An abbreviation springs from the frequent use of a noun

poème. Elle permet de développer un texte dans l'espace, en rupture avec la linéarité du discours et de la prose. Une liste poétique, « Untitled (to Don Judd) » [p. 171], est un hommage à cet artiste et ami de Bernar Venet. La liste débute par « Untitled 1962 » et se poursuit en répétant la même proposition, mais en faisant varier l'année à chaque fois d'un an supplémentaire jusqu'en 1993. L'absence de l'année 1994 signale en négatif le décès de l'artiste le 12 février 1994. Cette liste renvoie à l'art de Donald Judd qui débuta sa production en 1962 avec des œuvres souvent sans titre, pour se délier de tout caractère expressif. Son œuvre, faite de *specific objects* tridimensionnels, s'inscrit dans l'espace réel, échappant à l'illusionnisme de la peinture et à l'anthropomorphisme de la sculpture. Certaines œuvres présentent des unités réduites à un volume, une matière et une couleur spécifiques qui s'empilent, encastrées dans un mur, évoquant cet effet de liste présent chez Bernar Venet. La répartition des signes par la liste ou des boîtes chez Judd permet de mettre l'accent sur l'espace concret, celui de la page ou celui d'une pièce afin de révéler la présence des choses. Dans cet hommage à Donald Judd transparaît une complicité d'approche de l'art, avec neutralité et pudeur.

La liste offre une structure particulière et devient un mode de classement producteur de sens. La dimension sémantique de chaque mot n'en est pas pour autant éludée, mais dialogue avec cette répartition spatiale propre à la liste. Par exemple, « Synonymes (1) » [p. 131] adopte deux listes, l'une avec une présentation horizontale et l'autre verticale. Cette configuration est porteuse de sens et correspond à deux ensembles paradigmatiques distincts. La liste verticale peut se comprendre sous le thème de la création et la liste horizontale sous celui du manque, voire de la médiocrité. La liste verticale débute par une conception positive de la création, valorisant des notions telles que l'imagination, la conception, l'inspiration ou encore l'inventivité, puis se confronte à la liste horizontale. La rupture est brutale tant au niveau de la structure qu'au niveau sémantique. Le paradigme que nous identifions comme celui du manque propose des termes qui soulignent l'absence de compétences, d'expériences, de connaissances, assimilables à de la « sottise », de la « balourdise », de la « nullité ». Si la liste verticale se poursuit, elle reste entachée de cette rencontre. Elle est déterminée toujours selon la thématique initiale, mais dans son approche négative : celle d'une création soumise aux conventions dans le respect d'une tradition et d'un académisme. La liste instaure ainsi un découpage particulier qui fait sens, hors de toute syntaxe traditionnelle. Elle amène une tension formelle au sein d'un discursif absent en raison des unités minimales employées et par la spatialité induite dans le mode d'énonciation.

L'accumulation de synonymes permet de préciser l'instabilité de sens qu'un mot peut avoir. La synonymie crée une équivalence entre des termes, une équivalence qui peut être logique, sémantique ou stylistique. Le choix d'un mot entraîne des différences qui permettent aussi d'affiner une pensée et renvoyer à une finesse de l'usage. Les synonymes rendent compte des différentes acceptions que la société donne à un mot. C'est une mesure de l'usage du langage, voire de son usure. Mais la synonymie possède un rôle spécifique au sein de la société. « C'est la possibilité de dire une même chose de plusieurs façons, c'est la synonymie, qui permet au langage de se diviser ; et la synonymie est une donnée statutaire, structurale, et en quelque sorte naturelle du langage ; mais la guerre du langage, elle, n'est pas "naturelle" elle se produit là où la société transforme la différence en conflit[14] ». Roland Barthes décèle un pouvoir dans le langage qui s'exprime lors de la pratique. Cette

Roland Barthes, Le bruissement de la …ue, p.128. Éditions du Seuil, Paris, 1984.

group, a noun, or a designation, and is approved as something that is known. It is wrongly presented as something that simplifies discourse to justify the message's effectiveness or rapidity. It is discriminating insofar as, to decrypt it, one must possess, not its roots, but the connection to the referent. For a French speaker, knowing that the abbreviation "SNCF" fills in for "Société Nationale des Chemins de Fer Français," the French national railroad company, is not useful to understanding what the abbreviation means. The abbreviation therefore tends to be substituted for the initial designation without ideally disturbing the system of communication. Ideally, because each field tends to create its own abbreviations that are more or less comprehensible according to usage. Thus, "FRAC" (Fonds Régional d'Art Contemporain, the regional funding organization for contemporary art in France) is doubtless more accessible to someone from the field of art than to someone who is not. In the most extreme case, each sector has its own abbreviations, and mastering them is to show that one belongs to the group. The abbreviation becomes a cultural unifier, a source of power vis-à-vis someone who does not possess that power. It transforms language into a practice of appropriation because of the exchange that arises. To possess the code is not to possess a field but rather to enter and participate in a system characterizing it. From a semiotics perspective, Umberto Eco states that "the laws of communication are the laws of culture."[15] The abbreviation is the ideological manifestation of language. This is why Bernar Venet places himself again at the heart of the culture he participates in, for he himself constitutes a value because of his work. The selection of abbreviations is significant, moreover. He does offer up the most common abbreviations of course, but the fields are mainly political parties, banks, public or private companies, and the media. The abbreviation divulges a cultural, political or economic investment and becomes the telltale sign of power. The list emphasizes the radicalness of the text by piling up the abbreviations in a way that is similar to the consumer objects on a shopping list. It appears in the immediacy of reading through a parade of data spread by society. The poem's title, "VLF" or "Vive la France" (Long Live France), underlines not only the artist's nationality but also, and especially, cultural conditioning in an ironic way.

15 – Umberto Eco, *La Structure absente*, Paris: Mercure de France, 1972, 30.

Language is a social and cultural fact. It enables the cohesion of a group in order to ensure exchanges between members and a life in common. Without language it is difficult to create a community that lives together according to rules. This is why for anthropologists language is the foundation of a society since it ensures common practices and beliefs, work, and entertainment. Play is part of the characteristic practices of a given society. To each society its forms of play, which are more or less violent or spectacular, spiritual or refined. For Johan Huizinga, poetry "is born in and as play" in primitive societies. As a playful practice linked to the sacred, play is an activity of the mind that generates pleasure, jollity, and emulation. This playful mental activity leads Johan Huizinga to assert that all that is poetry develops as play, whether in terms of the structure of the discourse or in terms of the content.[16] The presence of play in Bernar Venet's poetry seems incongruous but in fact concerns the origins of the poetic. The poem titled "Crossword" [p. 221] focuses on the word game of the same name and consists of definitions of words distributed in two numbered lists of "Across" and "Down". However, no actual crossword grid appears. The reader has no hint as to the number of letters of the word being sought, which considerably increases the number of possible solutions. The poem offers a playful practice of language that has been hijacked in terms of its subject. Bernar Venet has restored a creative function to the game so as not to bow to rules that have been decreed by others, even though it is a question

16 – Johan Huizinga, *Homo Ludens. A Study of the Play-Element in Culture*, London, Boston and Henley: Routledge & Kegan Paul, 1949, 122.

« guerre du langage » renvoie à la maîtrise et aux différents usages. Chaque personne est prisonnière de son langage qui est déterminé par son histoire. C'est pourquoi la synonymie est considérée comme un pouvoir dans sa capacité d'exploitation multiple et de désignation d'un domaine vaste.

C'est dans un poème intitulé « VLF » [p. 161] que cette notion d'usage est pleinement expérimentée. Il est constitué essentiellement d'une liste d'abréviations dont la finale est « BV » qui sont les initiales de l'artiste désolidarisées d'une ligne de la liste. Une abréviation naît d'un usage fréquent d'un groupe nominal, d'un nom ou encore d'une appellation et est entérinée comme savoir. Elle se pose faussement comme simplificatrice du discours pour justifier une efficacité et une rapidité de la communication. Elle est discriminante dans la mesure où, pour qu'elle soit décryptée, il faut posséder non pas son origine, mais le lien au référent. Pour un français, il n'est pas utile de savoir que l'abréviation « SNCF » remplace « Société Nationale des Chemins de fer Français », pour comprendre ce qu'elle désigne. Elle tend donc à se substituer à la dénomination initiale sans perturber idéalement le système de communication. Idéalement car chaque domaine tend à créer ses propres abréviations qui sont plus ou moins compréhensibles selon l'usage. Ainsi « FRAC » [Fonds Régional d'Art Contemporain] est sans doute plus accessible pour quelqu'un du domaine de l'art que pour quelqu'un qui ne l'est pas. À l'extrême, chaque secteur détient ses propres abréviations et les maîtriser, c'est en montrer l'appartenance. L'abréviation devient un fédérateur culturel, source de pouvoir face à celui qui ne le possède pas. Elle métamorphose le langage dans une pratique de l'appropriation en raison de l'échange qui s'instaure. Posséder le code, ce n'est pas posséder un domaine, c'est entrer et participer au système qui le caractérise. Dans une perspective sémiotique, Umberto Eco précise que « Les lois de la communication sont les lois de la culture[15] ». L'abréviation est la manifestation idéologique du langage. C'est pourquoi Bernar Venet se replace lui-même au sein de cette culture à laquelle il participe, car il constitue en raison de son travail, une valeur. Le choix des abréviations est d'ailleurs significatif. Il propose certes les abréviations les plus courantes, mais les domaines majoritaires sont les partis politiques, les banques, les entreprises publiques ou privées et les médias. L'abréviation divulgue l'investissement culturel, politique, économique et devient le révélateur du pouvoir. La liste accentue la radicalité du propos en empilant les abréviations de manière similaire à des objets de consommation d'une liste de courses. Elle se donne dans l'immédiateté de la lecture, par un défilement de données diffusées par la société. Le titre du poème « VLF », « Vive La France », souligne la nationalité de l'artiste, mais surtout le conditionnement culturel sur un mode ironique.

Umberto Eco, *La Structure absente*, p.30. cure de France, Paris, 1972.

Le langage est un fait social et culturel. Il permet une cohésion d'un groupe afin d'assurer des échanges et une vie commune. Sans langage, il est difficile de créer une communauté qui vive ensemble selon des règles. C'est pourquoi pour les anthropologues le langage est le fondement d'une société car il assure pratiques et croyances communes, travail et divertissement. Le jeu fait partie de ces pratiques caractéristiques d'une société donnée. À chaque société ses jeux plus ou moins violents ou spectaculaires, plus ou moins spirituels et raffinés. Pour Johan Huizinga, « la poésie est née au cours du jeu, comme jeu » dans les sociétés primitives. Pratique ludique liée au sacré, le jeu serait une activité de l'esprit suscitant plaisir, gaieté et émulation. Cette activité ludique de l'esprit

of entertainment. Readers are free to solve the series of definitions as they see fit, without conforming to a grid that formally fixes the word in place. It amounts to opposing the social imperatives that are a constraint on individuals in their way of thinking and managing private space. The poem refers to the playful dimension that it introduces by being the sign of a social and symbolic fact that has to be appropriated. In this sense, Bernar Venet's poem "Crossword" involves a spiritual activity that is not subjected to the code. The *game breaker* devises new playful forms by excluding the accepted conventions.

A suspension of the subject

In this poetry, both the mode of speech used, thanks to détournement, and the list guarantee a lessening of the figure of the author. The subjective expression of the author raised the question of the authenticity of discourse and its legitimacy in a specific historical context, the 1960s, which was stamped by social and political opposition. Must artists impose their own tastes, their own subjectivity, on others through a work of art? Humanism was itself suspected of being a notion whose ideological force is constricting, thus subjugating individuals. As such, artists' subjectivity is no longer a sufficient reason in artmaking since it is a conjecture that is subject to a context and demands distancing. The consequence of that attitude is an abandonment of style in artmaking to emphasize neutrality. As Bernar Venet puts it, "The humanist vision, subjective interpretation, and stylistic experimentation are giving way to the communication of knowledge (information and the results of research or experimentation peculiar to this domain), a communication that excludes all expressiveness from the work."[17] The lessening of the artist's subjectivity favors a neutrality of expression in order to generate an esthetic indifference.

17 – *Bernar Venet : Informations.* Galeria Foksal Warszawa, 1981

This poetry gives expression to the search for a neutral writing, or, as Roland Barthes, would say, a "writing at the zero degree [which] is basically in the indicative mood, or if you like, amodal."[18] The indications of the subjective, which are found in an affective or evaluative vocabulary, or in modals, are excluded from this form of utterance. Neutral writing calls for verbs and adjectives that involve no emotions or value judgments. It aims to be descriptive and akin to journalism, to a certain extent, but also to the sciences. Any science, whether exact or no, tends to produce its own system of rules and conventions. These define it as a science so that the specialists can refer to it when they practice their discipline. Writing is objectivized in its mode of expression and not in the subject of its investigation, even though an individual is involved. Neutral writing about the individual can be seen in medicine and psychoanalysis. The practice of medicine was, moreover, introduced into the artist's work when he subjected his own body to a range of medical examinations such as electrocardiograms and encephalograms. The body is distanced thanks to the objectivity of the code that makes it possible to situate each individual in the universality to which she or he belongs. Approaching a person is established according to a scientific terminology that is a filter for approaching reality.

18 – Roland Barthes, *Writing Degree Zero*, trans. Annette Lavers and Colin Smith, New York: Hill and Wang, 1968, 76.

It is doubtless psychoanalysis more than any other discipline that has produced a scientific discourse in which the individual is set at a remove so that she or he can be studied in an attempt at objectification. Psychoanalysis is that code which acts as a referent in order to closely examine the individual, and which Bernar Venet takes up in his poetry in order to reveal how it functions. In "About Neurosis" [p. 258], different cases of neurosis are listed (the neurosis of abandonment, anxiety, character neurosis, etc.) jointly with the definition of the clinical case. Individuals are viewed through the prism of this series of definitions, which

Johan Huizinga, *Homo Ludens. Essai sur la ction sociale du jeu*, p.201 ; p.212. limard, Paris, 1988.

fait dire à Huizinga, que « tout ce qui est poésie se développe sous la forme de jeu[16] », tant au niveau de la structure du discours qu'au niveau du contenu.La présence de jeu dans la poésie de Bernar Venet semble incongrue, mais toucherait en fait l'origine du poétique. Le poème intitulé « Mots Croisés » [p. 221] présente le jeu du même nom et consiste en des définitions de mots distribuées en deux listes numérotées, l'une horizontale et l'autre verticale. Cependant aucune grille n'est présente. Le lecteur n'a pas d'indication concernant le nombre de lettres du mot recherché, ce qui augmente considérablement les solutions possibles. Ce poème propose une pratique ludique du langage détournée quant à son objet. Bernar Venet restaure une fonction créative au sein d'un jeu afin de ne pas se soumettre à des règles édictées, quand bien même il serait question de divertissement. Chacun est libre de résoudre à sa manière la succession de définitions sans se conformer à une grille qui fixe formellement le mot. C'est s'opposer aux impératifs sociaux qui contraignent l'individu dans sa manière de penser et de gérer l'espace privé. Le poème renvoie à la dimension ludique qu'il induit en étant le signe d'un fait social et symbolique nécessaire de s'approprier. En ce sens, le poème de Bernar Venet « Mots croisés » implique une activité spirituelle non soumise au code. *Le briseur de jeu* fonde de nouvelles formes ludiques en excluant les conventions admises.

ne suspension du sujet

Dans cette poésie, le mode d'énonciation utilisé grâce au détournement et la liste assure un retrait de la figure de l'auteur. Avec l'expression subjective de l'auteur se posait la question de l'authenticité du discours et de sa légitimité dans un contexte historique spécifique – celui de la fin des années 1960 – marqué par une défiance sociale et politique. L'artiste doit-il imposer son propre goût, sa propre subjectivité à autrui par le biais d'une œuvre ? L'humanisme est lui-même suspecté d'être une notion dont la force idéologique est contraignante, assujettissant les individus. Dès lors, la subjectivité de l'artiste n'est plus une donnée suffisante dans la création car elle est une conjecture soumise à un contexte et nécessite une mise à distance. Cette attitude a pour conséquence un abandon du style dans la création artistique afin de privilégier la neutralité. Bernar Venet l'exprime : « À la vision humaniste, à l'interprétation subjective, à la recherche stylistique se substitue la communication d'un savoir, (information, résultats de recherches propres à ce domaine), communication qui exclut de l'œuvre toute expressivité[17] ». Le retrait de la subjectivité de l'artiste favorise une neutralité de l'expression afin de susciter une indifférence esthétique.

Bernar Venet : Informations. eria Foksal Warszawa, 1981

Dans cette poésie s'exprime la recherche d'une écriture neutre ou comme le dirait Roland Barthes une « écriture au degré zéro [qui] est au fond une écriture indicative, ou si l'on veut amodale[18] ». Les marques du subjectif, qui se retrouvent dans le vocabulaire affectif et évaluatif ou encore dans les modalisateurs, sont exclus de cette forme d'énonciation. L'*écriture du neutre* appelle des verbes et des adjectifs n'engageant pas des affects ou des jugements de valeur. Elle se veut descriptive et proche dans une certaine mesure du journalisme, mais aussi des sciences. Toute science qu'elle soit exacte ou non tend à produire son propre système de règles et de conventions. Celles-ci la déterminent comme science afin que les spécialistes puissent s'y référer au cours de leur pratique. L'écriture s'objective dans son mode d'énonciation et non dans son objet d'étude, quand bien même il s'agit d'un individu. L'*écriture neutre* sur l'individu se révèle dans la médecine et la psychanalyse. La pratique médicale est d'ailleurs introduite dans la création de l'artiste lorsqu'il soumet son propre corps à des examens médicaux divers, comme des électrocardiogrammes, encéphalogrammes. Le

Roland Barthes, *Le degré zéro de l'écriture*, 6. Éditions du Seuil, Paris, 1972.

is designed to render concrete the symptom encountered. Through the various definitions of neuroses, the illness is characterized and the theory pinning down the suffering individual is legitimated. In this approach to the individual, psychoanalysis expresses an ambivalent position, which prompted Gilles Deleuze and Félix Guattari to write, "How odd the psychoanalytic venture is. Psychoanalysis ought to be a song of life, or else be worth nothing at all. It ought, *practically,* to teach us to sing life. And see how the most defeated, sad song of death emanates from it: *eiapopeia*."[19] This song of renunciation is the resignation in the death instinct, which dominates man's understanding. The authors detect a limitation at the heart of psychoanalysis due to a dualism of the life and death drive in its approach. Thus the essential aim is forgotten, which is man, free and joyful, giver of life. In Bernar Venet's poem, the psychoanalytic discourse is caught in the trap of its own negation. Theory set up as a system determines things, elements, individuals, even passions. Would the individual who is closely examined through the psychoanalytical code display a sublime resignation? The artist wonders about the possible interpretations formulated by the theory and the resulting meanings. In his poem "Ideal Ego" [p. 80], Bernar Venet presents various meanings of the designation. Does it correspond to an "intrapsychic formation", a "formation genetically prior to the superego", or even an "unconscious narcissistic formation"? The poem goes on raising its questions and states a number of possibilities, but for all that it never offers a ruling. If in Freudian theory, the ideal ego signifies a moment stamped by an ideal of infantile omnipotence that is the basis of narcissism, it is possible then to question the scope of such a notion. The poem takes this subject who sees himself as idealized and puts him in the hot seat. The subject becomes a fiction to himself, which, in Bernar Venet's art, points to that critique of the figure of the author and his own resulting myth.

19 – Gilles Deleuze, Félix Guattari, *Anti-Oedipus,* trans. Robert Hurley, Mark Seem, and Helen R. Lane, Minneapolis: University of Minnesota Press, 1983, 396.

To speak about the world must not occur thanks to a subjective position that is keen to transmit one's point of view, and even less one's feelings and opinions. Is it possible to admit a discourse in which narrative authority and objectivity coincide? I can reply in the affirmative because narrative authority should not be confused with the author. This is a question that Roland Barthes also raises, "We can speak, and especially write, without being subject to one of these modes: or assert, or deny, or doubt, or question. Nevertheless, can't the human subject have another desire: that of *suspending* his utterance, without abolishing it for all that?"[20] Is that free speech, beyond all power, a utopian aim? Another of Bernar Venet's poems called "Noise" [p. 219] offers the reader such a textual hodge-podge that it is impossible to read even one word of it. The presentation creates a surplus of graphic invention that tends to push the poem over into the visible, bringing to mind the results that concrete and visual poetry have given us. But this comparison is only possible because of a formal similarity due to the layers of superimposed text. The title "Noise" suggests an approach that is far more aural than visual. Each superimposed line is the trace of one word mixing with another, prompting a densification to the point of inaudibility. The graphic design is the signal of these multiple words overlapping to the point of generating noise. The superimposed text designates not a negation of speech but rather an overabundance of its presence. An identical principle was used again in a performance by the artist titled "Saturation (1)" [UbuWeb.com] from 30 July 2003. The voices of eight people were recorded in different languages and played back. The voices are gradually superimposed into layers of sound; they mix until they become unrecognizable and incomprehensible. The clear and distinct sound of each voice eventually gives way to a jumble for the ear. The information delivered by each word yields to a resounding

20 – Roland Barthes, *Alors la Chine?*, Paris: Christian Bourgois Éditeur, 1975, 13.

corps est mis à distance grâce à l'objectivité du code qui permet de replacer chaque individu dans l'universalité à laquelle il appartient. Aborder une personne s'établit à partir d'une terminologie scientifique qui est un filtre pour aborder le réel.

C'est sans doute la psychanalyse qui a produit le plus un discours scientifique où l'individu est mis à distance pour qu'il soit étudié dans une tentative d'objectivation. La psychanalyse est ce code qui agit comme référent pour passer au crible l'individu et dont s'empare Bernar Venet dans sa poésie pour en révéler le fonctionnement. Dans « À propos de névrose » [p. 259], différents cas de névrose sont énumérés (la névrose d'abandon, d'angoisse, de caractère, etc.) conjointement avec la définition du cas clinique. Les individus sont vus à travers le prisme de cette succession de définitions qui est chargée de rendre concret le symptôme rencontré. Par les définitions des névroses se caractérise la maladie et se légitime la théorie qui fige l'individu en souffrance. Dans cette approche de l'individu, la psychanalyse exprime une position ambivalente qui fait dire à Gilles Deleuze et Félix Guattari : « Comme c'est curieux l'aventure de la psychanalyse. Elle devrait être un chant de vie sous peine de ne rien valoir. Pratiquement, elle devrait nous apprendre à chanter la vie. Et voilà qu'en émane le plus triste chant de mort, le plus défait : eiapopeia[19] ».Ce chant du renoncement est la résignation dans l'instinct de mort qui domine la compréhension de l'homme. Les auteurs décèlent une limitation au cœur de la psychanalyse en raison d'un dualisme dans son approche de la pulsion de vie et de la pulsion de mort. Ainsi s'oublie le but essentiel qui est l'homme libre, joyeux, porteur de vie. Dans le poème de Bernar Venet, le discours psychanalytique est pris au piège de sa propre négation. La théorie érigée en système fixe les choses, les éléments, les individus et même les passions. L'individu passé au crible du code psychanalytique montrerait-il une sublime résignation ? L'artiste s'interroge sur les interprétations possibles formulées par la théorie et les significations consécutives. Dans son poème « Moi idéal » [p. 81], il présente diverses significations de cette appellation. Correspond-elle à une « formation intrapsychique », à une « formation génétiquement antérieure au Sur-moi » ou encore à une « formation narcissique inconsciente » ? Le poème poursuit son interrogation et énonce plusieurs possibilités sans pour autant statuer. Si dans la théorie freudienne, le moi-idéal désigne une instance marquée par un idéal de toute-puissance infantile qui fonde le narcissisme, il est possible de s'interroger sur la portée d'une telle notion. Le poème met sur la sellette ce sujet qui se perçoit lui-même comme idéalisé. Le sujet devient une fiction pour lui-même, ce qui renvoie dans la création de Bernar Venet à cette critique de l'auteur et à son propre mythe consécutif.

19 - Gilles Deleuze, Félix Guattari, *[A]nti-Œdipe*, p. 396. Les Éditions [de] Minuit, Paris, 1972-1973.

Parler du monde ne doit pas se faire grâce à une position subjective désireuse de transmettre son point de vue et encore moins ses sentiments ou opinions. Est-il possible d'admettre un discours où coïncident instance narrative et objectivité ? Nous pouvons répondre par l'affirmative du fait qu'il ne faut pas confondre l'instance narrative avec l'auteur. C'est une question que Roland Barthes évoque également : « Nous ne pouvons parler, et surtout écrire, sans être assujettis à l'un de ces modes : ou affirmer, ou nier, ou douter, ou interroger. Le sujet humain ne peut-il cependant avoir un autre désir : celui de suspendre son énonciation, sans, pour autant l'abolir[20] ». Cette parole libre, hors de tout pouvoir, est-elle une visée utopique ? Un autre poème de Bernar Venet, « Bruit » [p. 219], propose un amalgame textuel tel, qu'il est impossible d'en lire la moindre phrase, le moindre mot. Cette présentation engendre un surplus de graphisme

20 - Roland Barthes, *Alors la Chine ?*, p.13. [Chr]istian Bourgois Éditeur, Paris, 1975.

hubbub. The communication overflow thwarts communication. The work points out the moment when meaning looms up, then disappears in the sound material. Bernar Venet's performance echoes the poem "Noise" in this research into information saturation. The performance is a way of enriching a principle, a different exploration of content and the question of individual expression. Presenting a word comes at a price, that of its being placed anew within an utterance that has multiple voices. Speech is not one. Admitting individuality has to occur by taking into account the other. This poetry thus includes an ethics of speech insofar as it avoids any hierarchy and any point of view, sources of power, at the risk of getting lost in the inaudible.

Can a theory produce its own aberrations, its own meaningful monsters? Such is indeed the case of a poem that makes strange statements by presenting a translation of scientific language into an ordinary one. "Formulae, Axioms for Calculating the Principia" [p. 56] presents axioms, their translation, and an example illustrating the work. This principle, which is supposed to clarify the meaning and function of mathematical language, generates through these examples tautologies, significant contradictions, and non-sequiturs. Thus, example 4 begins in this way, "If (if ducks paddle around then 5 is a prime number)." This example raises a smile by setting up a link of cause and effect between the two phrases, whose meanings form a contradiction. The relationship of consequence between the two clauses is semantically null, yet exists just the same by virtue of such elements as the adverbs and conjunctions articulating the syntax. Thanks to the articulations of discourse, a demonstration or a deduction can be made. In Bernar Venet's poem, the articulation is produced at the expense of the semantics, though not always with a straight face since "either Churchill drinks brandy or ducks paddle around." The language gives voice to no truth here, even if the utterance may be valid, which normally points to logical reasoning, and the application of mathematical and linguistic signs. Logic and truth maintain connections that are at times idealized and biased. In the poem, humor serves to point up the systematic logic of language and ensure a distancing vis-à-vis the code, even its renewal, which is a necessary change for creativity.

In conclusion, we must admit that Bernar Venet's poetry is a disruptive agent of conventional discourse, of the fabric of the text that is made up of clichés and set phrases, and its emphasized stylistic devices. His poetic utterance favors the languages and codes that govern our sharing and understanding of reality at the risk of freezing it in place, in order to reveal its process, By employing mathematical signs within the poetry, this body of work raises the question of the very nature of the poetic sign as it has been understood up to the present. It shows that the strict contrast between *transparency* of the scientific sign and *opacity* of the poetic one no longer holds. We must therefore admit the premises of a transformation that Roland Barthes hoped to find in the order of language. One word that does not subjugate another and yet expresses something, in other words, an ethics of language. The poetry also allows us to assess the coherence of Bernar Venet's creative output as a whole, the artist's thought being revealed through the idea and then finding applications in different disciplines to ensure its renewal. For this reason, Bernar Venet sets himself against the dematerialization of the work of art applied to his output. That would indeed be tantamount to adopting a formal reading of the work, which his approach does not correspond to. It is much more, as the artist has stated, "a going-beyond the question of the object. A set of activities that all converge on one and the same

qui tend à faire entrer le poème dans le visible, ce qui rappelle des productions de la poésie concrète et de la poésie visuelle. Mais ce rapprochement n'est permis que par une similarité formelle due à une surimposition de l'écrit. Le titre, « Bruit », suggère une approche beaucoup plus sonore que visuelle. Chaque surimposition serait la trace d'une parole qui se mêle à une autre, provoquant une densification jusqu'à l'inaudible. Le graphisme est le signal de ces paroles multiples qui se chevauchent jusqu'à provoquer du bruit. La surimpression ne désigne pas une négation de la parole, mais une surabondance de sa présence. Un principe identique est repris dans une performance de l'artiste intitulée « Saturation (1) » [UbuWeb.com] réalisée le 30 juillet 2003. Les voix de huit personnes ont été enregistrées dans différentes langues, puis sont diffusées. Les voix se superposent progressivement en couches sonores, se mêlent jusqu'à devenir méconnaissables et incompréhensibles. Au son clair et distinct de chaque voix succède un magma sonore. À l'information délivrée par chaque parole succède un brouhaha retentissant. Le trop plein de communication nuit à la communication. L'œuvre signale le moment où le sens surgit, puis disparaît dans la matière sonore. Cette performance fait écho au poème « Bruit » dans cette recherche de la saturation de l'information. La performance est un mode d'enrichissement d'un principe, une exploration autre du contenu et de la question de l'expression individuelle. Présenter une parole ne se fait qu'au prix de son replacement au sein d'un dire multiple. La parole n'est pas une. Admettre l'individualité doit se faire par la prise en compte de l'autre. Ainsi, cette poésie comprend une éthique du dire dans la mesure où elle évite toute hiérarchie et tout point de vue sources de pouvoir au risque de se perdre dans l'inaudible.

Une théorie peut-elle produire ses propres aberrations, ses propres monstres signifiants ? C'est semble-t-il le cas d'un poème qui en présentant une traduction d'un langage scientifique en langage ordinaire énonce d'étranges propos. « Formules, axiomes du calcul des principia » [p. 57] propose des axiomes, leur traduction et un exemple pour l'illustrer. Ce principe, qui est chargé de clarifier la signification et le fonctionnement du langage mathématique, engendre par ces exemples des tautologies, des contradictions signifiantes et des illogismes. Ainsi l'exemple n°4 débute de la sorte : « Si (si les canards pataugent alors 5 est un nombre premier), ». Cet exemple prête à sourire en mettant un lien de cause à effet entre deux propositions dont les significations forment une antinomie. Le rapport de conséquence entre les deux propositions est sémantiquement nul, mais existe pourtant en vertu d'éléments que sont les adverbes et les conjonctions qui articulent la syntaxe. C'est grâce aux articulations du discours qu'une démonstration ou une déduction peut être faite. Dans le poème de Bernar Venet, l'articulation se produit au détriment de la sémantique, non sans humour, car « ou Churchill boit du brandy ou les canards pataugent ». Le langage n'exprime aucune vérité, même si l'énoncé peut être valide ce qui renvoie au raisonnement logique, à l'application de signes mathématiques et linguistiques. Logique et vérité entretiennent des rapports qui sont parfois idéalisés et biaisés. Dans le poème, l'humour sert de révélateur à la logique systématique du langage et assure une distanciation face au code, voire son renouvellement qui est un changement nécessaire pour la création.

Pour conclure, force est de constater que la poésie de Bernar Venet est un agent perturbateur du discours convenu, du tissu textuel fait de clichés et de formules, aux figures de styles marquées. Son énoncé poétique privilégie les langages et les codes

definition of art."[21] It would be futile as such to situate the notion of détournement in a formal perspective, unless it is at the cost of reducing its transgressive impact. The use of code implies no fascination but rather an attempt to sublimate its negativity through some form and its distancing. *Poetic* détournement guarantees a deactivation of the ideology of language so as to modify the order of discourse. The error of the code or its signifying non-sequiturs are a way of introducing a distancing, a sense of humor in the *murmur of anonymity.* Thus, the denial of the subjective that is proper to this poetry allows the artist to locate an ethics at the heart of the writing considered in all its nakedness.

Translated from French by John O'Toole.

21 – Bernar Venet, "Conversation avec Eddy Devolder," *La conversion du regard. Textes et entretiens, 1975-2000,* Geneva: Musée d'art moderne et contemporain, 2000, 61.

qui règlent le partage et la compréhension de la réalité au risque de la figer, afin d'en révéler le procédé. En utilisant le signe mathématique au sein de la poésie, cette création pose la question de la nature même du signe poétique tel qu'il a été compris jusqu'à présent. Elle montre que la stricte opposition entre *transparence* du signe scientifique et *opacité* du signe poétique n'est plus valide. Dès lors, il faut admettre les prémisses d'une métamorphose qu'espérait trouver Roland Barthes dans l'ordre du langage. Une parole qui n'assujettit pas l'autre et pourtant s'exprime, c'est-à-dire une éthique de la parole. Cette poésie permet aussi de mesurer la cohérence de l'ensemble de la création de Bernar Venet, dont la pensée se divulgue par l'idée pour ensuite trouver des applications dans différentes disciplines pour en assurer le renouvellement. Pour cette raison, Bernar Venet se positionne contre la notion de dématérialisation de l'œuvre appliquée à sa production. Ce serait en effet adopter une lecture formelle de l'œuvre à laquelle sa démarche ne correspond pas. Elle est beaucoup plus, selon les propos de l'artiste, « un dépassement de la problématique de l'objet. Un ensemble d'activités qui convergent toutes vers une même définition de l'art[21] ». Il serait vain à ce titre de placer le détournement dans une perspective formelle, si ce n'est au prix d'en réduire la portée transgressive. L'usage du code n'implique pas une fascination, mais plutôt une tentative de sublimer sa négativité sous une forme distanciée. Le *détournement poétique* assure une désactivation de l'idéologie du langage pour modifier l'ordre du discours. L'erreur du code ou ses illogismes signifiants sont un moyen d'introduire une distanciation, un humour dans le *murmure de l'anonymat*. Ainsi le déni du subjectif propre à cette poésie permet de placer une éthique au cœur de l'écriture prise dans toute sa nudité.

-Bernar Venet, « Conversation avec Eddy volder », in *La conversion du regard. Textes entretiens, 1975-2000*, p. 61. Musée d'art derne et contemporain, Genève, 2000.

Mathieu Copeland

Mathieu Copeland is a curator (born 1977). Graduated at Goldsmiths College in London, he co-organized the *Voids-Vides* exhibitions at the Centre Pompidou and at the Kunsthalle Bern in 2009, and signed the *Soundtrack for an Exhibition* exhibitions at the Museum of Contemporary Art in Lyon, and *A retrospective of Closed Exhibitions* at Fri Art, Kunsthalle Friborg.

Mathieu Copeland est commissaire d'exposition (né en 1977). Diplômé du Goldsmiths College de Londres, il a notamment co-organisé les expositions *Voids-Vides* au Centre Pompidou et à la Kunsthalle Bern en 2009, et signé les expositions *Soundtrack for an Exhibition* au Musée d'Art Contemporain de Lyon, et *A retrospective of Closed Exhibitions* au Fri Art, Kunsthalle Fribourg.

Véronique Perriol

Véronique Perriol has a PhD in Contemporary Art History. At the Sorbonne, she defended a thesis entitled "Concepts of verbal language in art. From Fluxus to Conceptual Art". Her research focuses on interdisciplinarity, experimental and conceptual practices in poetry, art and music.

Véronique Perriol est docteure en histoire de l'art contemporain. Elle a soutenu à la Sorbonne une thèse ayant pour titre : « Conceptions du langage verbal en art. De Fluxus à l'art conceptuel ». Ses recherches portent sur l'interdisciplinarité et sur les pratiques expérimentales et conceptuelles en poésie, en art ou en musique.

Bernar Venet

Born in 1941 in the south of France, Bernar Venet established himself in 1966 in New York, where over the course of the next five decades, he explored painting, poetry, film, and performance, and was attracted to exploring the field of science as a subject for art. During the 1960s, Bernar Venet developed his *Tar* paintings and *Cardboard Reliefs*, and his iconic *Pile of Coal*, considered the first sculpture without a specific shape or defined dimensions. Venet had his first retrospective at the New York Cultural Center in 1971, following which, his work contributed towards major art events such as Kassel Documenta VI, and the Biennales of Paris, Venice and São Paulo. 1979 marked a turning point in Bernar Venet's career: he began a series of wood reliefs – *Arcs, Angles, Straight Lines* – and created the first of his *Indeterminate Lines*.

His work can be found in more than 70 museums worldwide, including MoMA, Solomon R. Guggenheim Museum, Centre Pompidou, and MOCA in Los Angeles. Bernar Venet has also been commissioned to create sculptures for permanent display, which can now be found in Auckland, Austin, Bergen, Berlin, Denver, Paris, Neu-Ulm, Nice, Seoul, Shenzhen, Tokyo, and Toulouse. In 2011, he became the 4th contemporary artist to be offered the world-renowned Château de Versailles for a solo exhibition, leading the French Postal Service to issue a commemorative stamp of his 22-meter vertical *Arcs* framing the iconic statue of Louis XIV at the entrance.

Bernar Venet has been the recipient of several distinguishing honours, including France's *Chevalier de la Légion d'honneur*. In 1979, he was awarded a grant by the National Endowment for the Arts. Most recently, he received the 2013 *Julio González International Prize*, and the 2016 *Lifetime Achievement Award* from the International Sculpture Center (ISC). Inaugurated in 2014, the Venet Foundation aims to preserve Bernar Venet's collection.

Né en 1941 dans le Sud de la France, Bernar Venet s'installe à New York en 1966. Durant les cinquante années qui suivent, il explore la peinture, la poésie, la vidéo et la performance, et nourrit un intérêt particulier pour la science comme sujet pour l'art. Dans les années 1960, Bernar Venet réalise ses séries de *Goudrons* et *Cardboard Reliefs*, ainsi que le *Tas de charbon*, la première sculpture sans forme spécifique ou dimensions précises. Sa première rétrospective majeure a lieu au New York Culturel Center en 1971. Suivent alors des contributions majeures à des événements comme la Documenta VI (Cassel, Allemagne), ou les Biennales de Paris, Venise et São Paulo. L'année 1979 marque un tournant dans le travail de Bernar Venet : il commence alors une série de sculptures en bois – *Arcs, Angles, Lignes droites* – et crée les premières œuvres de la série *Lignes indéterminées*.

Les œuvres de Bernar Venet sont présentes dans plus de 70 musées et institutions à travers le monde, dont le MoMA, le Solomon R. Guggenheim Museum, le Centre Pompidou, et le MOCA à Los Angeles. Il a aussi réalisé de nombreuses œuvres de commande, toujours installées dans des villes comme Auckland, Austin, Bergen, Berlin, Denver, Paris, Neu-Ulm, Nice, Seoul, Shenzhen, Tokyo, et Toulouse. En 2011, il est devenu le 4e artiste contemporain à exposer ses œuvres dans une grande exposition personnelle au Château de Versailles, ce qui a conduit La Poste à lui commander un timbre commémoratif représentant *Arcs* (une sculpture de 22m de haut), encadrant la célèbre statue de Louis XIV à l'entrée du Château.

Bernar Venet a reçu de nombreuses distinctions, dont la médaille de *Chevalier de la Légion d'honneur*. En 1979, il a été distingué par le National Endowment for the Arts. Plus récemment, il a reçu le Julio González International Prize en 2013, et le Lifetime Achievement Award du International Sculpture Center (ISC) en 2016.
Inaugurée en 2014 la Fondation Venet a pour objectif de préserver la collection de Bernar Venet.

Bibliographie sélective
Bibliography (selection)

Bernar Venet, Musée Haus Lange, Krefeld (Allemagne), 1970.

Donald Karshan, *The Five Years of Bernar Venet: A Catalogue Raisonné*, The New York Cultural Center, New York, 1971.

Catherine Millet, *Bernar Venet*, Éditions du Chêne, Paris, 1974.

Bernar Venet, Testi Teorici di Bruno d'Amore, Thierry Kuntzel, Filiberto Menna, Edizioni Nuovi Strumenti, Brescia (Italie), 1975.

Thierry Kuntzel, *Logique du neutre*, Arthur Hubschmid, Paris, 1975.

Bernar Venet, La Jolla Museum of Contemporary Art, La Jolla (Californie), 1976.

Bernar Venet, Musée d'art et d'industrie, Saint-Étienne (France), 1977

Bernar Venet, *Dessins 1963-1983*, Musée Sainte-Croix, Poitiers (France), 1984.

Bernar Venet unregal massige Spiralen, Josef Albers Museum, Bottrop (Allemagne), 1987.

Jan van der Marck, *Venet*, Éditions de la différence, Paris, 1988.

Venet's Indeterminacy, Person's Weekend Museum, Tokyo, 1990.

Noir, noir et noir, Photographies 1963-1990, Éditions Marval, Paris, 1991.

Bernar Venet, Musée d'art moderne et d'art contemporain, Nice (France) / Wilhelm-Hack Museum, Ludwigshafen-am-Rhein (Allemagne), 1993.

Bernar Venet, Cercle d'Art, Paris / Abbeville Press, New York, 1993.

Venet, Boca Raton Museum of Art, Boca Raton (Floride), 1994.

Bernar Venet, Total Museum of Contemporary Art / Gallery Hyundai, Séoul, 1994.

Bernar Venet, Droites et Accidents, Espace Fortant de France, Sète (France), 1996.

Bernar Venet, Droites et cartons, Musée de peinture et de sculpture, Grenoble (France), 1997.

Bernar Venet 1961-1979, Nouveau Musée – Institut de Villeurbanne, Lyon (France), 1997.

Bernar Venet, 61-96, L'Équation Majeure, Flammarion, Paris, 1997.

Bernar Venet, Lignes, Musée du Québec, Québec, 1997.

Bernar Venet, Gallery Hyundai, Seoul, 1997

Bernar Venet, Centro Cultural Recoleta, Buenos Aires, 1999.

Bernar Venet, Apoétiques 1967-1998, Musée d'art moderne et contemporain, Genève, 1999.

Bernar Venet 1961-1970, Éditions des Cahiers Intempestifs, Saint-Étienne (France), 1999.

Bernar Venet, La Conversion du regard, Textes et entretiens, 1975-2000, Musée d'art moderne et contemporain, Genève, 2000.

Bernar Venet Brasil, Museu de Arte Moderna do Rio de Janeiro / Museu Brasileiro da Escultura (MuBE), Rio de Janeiro, 2000.

Arnauld Pierre, *Bernar Venet, Le Discours et la méthode*, Prearo Editore, Milan, 2000.

Arnauld Pierre, *Bernar Venet, Sculptures et reliefs*, Éditions Marval, 2000.

SURSATURATION, Maison des Arts Georges Pompidou, Carjarc (France), 2000.

Furniture, Assouline, Paris, 2001.

Donald Kuspit, *Bernar Venet, Art and Mathematics: In Search of the Sublime*, Yeuse, Paris, 2002.

Thomas McEvilley, *Bernar Venet, Displacing the Gravity of the Self*, Artha, Lyon (France) / Benteli, Bern (Suisse), 2002.

Thierry Lenain, *Bernar Venet 1961-1963, L'Immanence mise en chantier*, Hôtel des Arts de Toulon (France) / Les Presses du Réel, Paris, 2003.

Bernar Venet, Musée d'art moderne et d'art contemporain, Nice (France), 2003.

Bernar Venet, L'Hypothèse de l'Arc, Musée Sainte-Croix, Poitiers (France) / Éditions Somogy, Paris, 2004.

Art: A Matter of Context. Bernar Venet Writings 1975-2003, Hard Press Editions, Lenox, (Massachussetts), 2004.

Bernar Venet, Performances, etc. 1961-2006, Edizioni Charta, Milan, 2006.

Bernar Venet, Line, Trace, Concept. National Museum of Contemporary Art, Gyeonngi-do (Corée du Sud), 2007.

Bernar Venet, System und Zufall, Order and Chance, Wienand Verlag & Medien GmbH, Cologne (Allemagne) / Stiftung für Kunst und Kultur e.V., Bonn (Allemagne), 2007.

Thierry Lenain, *Bernar Venet*, Flammarion, Paris, 2007.

Bernar Venet, Hommage à l'acier, Assouline, Paris, 2007.

Bernar Venet: Drawing with Steel. Busan Museum of Modern Art, Busan (Corée du Sud), 2007.

Jean-Philippe Peynot, *Bernar Venet, 1 pour 1*, Archibooks, Paris, 2008.

Bernar Venet, La Conversion du regard, Textes et entretiens, 1975-2010, Musée d'Art Moderne et Contemporain, Genève, 2010.

Déborah Laks, *Bernar Venet, L'hypothèse de la ligne droite*, Éditions de la Différence, Paris, France, 2010.

Le Monde de Bernar Venet. Bernar Venet in context, Les Abattoirs, Toulouse, (France) / Linéart Éditions, Paris, 2010.

Venet-Versailles, Éditions du Regard, Paris, 2011.

Bernar Venet, Versailles, Éditions du Regard, Paris, 2011.

Bernar Venet, L'hypothèse du point, Bernard Chauveau Éditeur, Paris, 2014

Bernar Venet – RAW – Portraits d'artistes, Éditions Marval, Paris, 2016

Bernar Venet, Les origines 1961-1966, Bernard Chauveau Éditeur, Paris 2016

Bernar Venet, Poetic? Poétique? Anthology 1967-2017, Jean Boîte Éditions, Paris, 2017

Poetic? Poétique ?
Anthologie 1967 — 2017

Publiée par Jean Boîte Éditions,
cette anthologie de poèmes
a été conçue en étroite collaboration
avec Bernar Venet et son studio.

Bernar Venet Studio
Caitrin Anderson, Chanez Baali, Maxime Bruyelle,
Audrey Lea Collins, Alexandre Devals, Jacki Mansfield.

145 Avenue of the Americas #5C – New York, NY 10013
bernarvenet.com

Jean Boîte Éditions
Mathieu Cénac, Pierre-Édouard Couton,
David Desrimais et Olivia de Smedt.

51, rue Claude Decaen – 75012 Paris
jean-boite.fr

Pour les avoir accompagnés tout au long de la
conception et de la réalisation de cet ouvrage,
Jean Boîte Éditions et Bernar Venet remercient
Diane Venet,
Alexandre Devals, Caitrin Anderson, ainsi que
Chanez Baali, Maxime Bruyelle, Audrey Lea Collins,
Jacki Mansfield,
Aure Bergeret,
Christian Bernard,
Virginie Burnet,
Hélène et Pierre Cénac,
Mathieu Copeland,
Didier Desrimais,
Kenneth Goldsmith,
Cassandra Katsiaficas,
Véronique Perriol,
John O'Toole,
David Radzinowicz,
Chloé Villefayot.

Direction d'ouvrage
Mathieu Cénac et David Desrimais

Édition
Mathieu Cénac et Pierre-Édouard Couton

Création graphique et mise en page
Groupe CCC – Valentin Bigel et Alice Gavin
assistés d'Aurore Kinzonzi

Traductions
John O'Toole
David Radzinowicz
Cassandra Katsiaficas

Ce livre, composé en Media 77 (Optimo Foundry)
et en Cotham, est imprimé sur Amber Graphic 80g
et Munken Lynx 100g et a été achevé d'imprimé
en juin 2017 en Lituanie.

Poetic?

Poétique ?

Index

The sonic poems that accompany and complete this anthology are hosted on the website UbuWeb.com.

Les poèmes sonores qui accompagnent et complètent cet ouvrage sont hébergés sur le site Internet UbuWeb.com.

Scientific Vocabulary Poem (1), Alphabetical Index

Acetaldehyde
Acetals
Acetazolamide
Acetopropionate
Acetylene
Achroglobin
Acrylonitrile
Actinide series
Actinomycin
Adhesives
Adjuvants
Alcali cellulose
Alcohol dehydrogenase
Aldehydes
Alkyds
Alkylated organotin compound
Allylacetate
Allylic alcohol
Amides
Aminoplasts
Antistatic
Azeotropes
Acetaldehyde
Acetals
Acetazolamide
Acetopropionate
Acetylene
Achroglobin
Acrylonitrile
Actinide series
Actinomycin
Adhesives
Adjuvants
Alcali cellulose
Alcohol dehydrogenase
Aldehydes
Alkyds
Alkylated organotin compound
Allylacetate
Allylic alcohol

Poème vocabulaire scientifique (1), index alphabétique

Acétaldéhyde
Acétals polyvinyliques
Acétobutyrate de cellulose
Acétopropionate
Acétylène
Acétylène acrylique
Acrylonitrile
Acrylonitrile butadiène
Acrylonitrile styrène
Adhésifs thermocollants
Adjuvants
Alcali-cellulose
Alcool polyvinylique
Aldéhydes
Alkydes
Alkydes saturés à chaîne linéaire
Allylacétate
Allylique alcool
Amides
Aminoplastes
Antistatique
Azéotropes
Acétaldéhyde
Acétals polyvinyliques
Acétobutyrate de cellulose
Acétopropionate
Acétylène
Acétylène acrylique
Acrylonitrile
Acrylonitrile butadienne
Acrylonitrile styrène
Adhésifs thermocollants
Adjuvants
Alcali-cellulose
Alcool polyvinylique
Aldéhydes
Alkydes
Alkydes saturés à chaîne linéaire
Allylacétate
Allylique Alcool

Scientific Vocabulary Poem (2), Alphabetical Index

Polyalcohols
Polyamides
Polyacrylics
Polyacrylonitrile
Polybutadiene
Polycarbonates
Polychloroprene
Polycondensation
Polyesters
Polyethylene
Polyethylene chlorosulfate
Polyethylene oxide
Polyfluorethene
Polyisobutylene
Polymerization
Polymethyl methacrylate
Polymethylstyrene
Polyolefins
Polyalcohols
Polyamides
Polyacrylics
Polyacrylonitrile
Polybutadiene
Polycarbonates
Polychloroprene
Polycondensation
Polyesters
Polyethylene
Polyethylene chlorosulfate
Polyethylene oxide
Polyisobutylene
Polyfluorethene
Polymerization
Polymethyl methacrylate
Polymethylstyrene
Polyolefins
Polyalcohols
Polyamides
Polyacrylics
Polyacrylonitrile
Polybutadiene
Polycarbonates
Polychloroprene

Poème vocabulaire scientifique (2), index alphabétique

Polyalcools
Polyamides
Polyacryliques
Polyacrylonitrile
Polybutadiène
Polycarbonates
Polychloroprène
Polycondensation
Polyesters
Polyéthylène
Polyéthylène chlorosulfate
Polyéthylène oxyde
Polyfluoréthène
Polyisobutylène
Polymérisation
Polyméthacrylate de méthylène
Polyméthylstyrène
Polyoléfines
Polyalcools
Polyamides
Polyacryliques
Polyacrylonitrile
Polybutadiène
Polycarbonates
Polychloroprène
Polycondensation
Polyesters
Polyéthylène
Polyéthylène chlorosulfate
Polyéthylène oxyde
Polyfluoréthène
Polyisobutylène
Polymérisation
Polyméthacrylate de méthylène
Polyméthylstyrène
Polyoléfines
Polyalcools
Polyamides
Polyacryliques
Polyacrylonitrile
Polybutadiène
Polycarbonates
Polychloroprène

Like Every Living Organism

I am constructed of the twenty basic materials:
    twenty amino acids,
You are constructed of the twenty basic materials:
    twenty amio acids,
He is constructed of the twenty basic materials:
    twenty amino acids,
She is constructed of the twenty basic materials:
    twenty amino acids,
We are constructed of the twenty basic materials:
    twenty amino acids,
They are constructed of the twenty basic materials:
    twenty amino acids.

Comme tout organisme vivant

Je suis constitué de vingt matériaux élémentaires :
    vingt acides aminés,
Tu es constitué de vingt matériaux élémentaires :
    vingt acides aminés,
Il est constitué de vingt matériaux élémentaires :
    vingt acides aminés,
Elle est constituée de vingt matériaux élémentaires :
    vingt acides aminés,
Nous sommes constitués de vingt matériaux élémentaires :
    vingt acides aminés,
Ils sont constitués de vingt matériaux élémentaires :
    vingt acides aminés.

Homo and Poly

Homocercal	and	Polydactyl
Homochromia	and	Polydipsia
Homodromous	and	Polymer
Homoeomerous	and	Polychroic
Homeomeria	and	Polygonate
Homoeozoic	and	Polysynthetic
Homogamous	and	Polychrest
Homographic	and	Polymath
Homology	and	Polyphyly
Homophone	and	Polypod
Homophyly	and	Polypore
Homoptera	and	Polyhedron

Homo et Poly

Homocœrque	et	Polydactyle
Homochromie	et	Polydipsie
Homodrome	et	Polymère
Homœomère	et	Polychroïque
Homœoméries	et	Polygonate
Homœozoïque	et	Polysynthétique
Homogame	et	Polychreste
Homographie	et	Polymathie
Homologie	et	Polyphylle
Homophonie	et	Polypode
Homophylie	et	Polypore
Homoptères	et	Polyèdre

There Is but One Way

There is but one way to move poetry forward
That is to prove the poetry that is already formed wrong
In other words, change its formation.

There is but one way to move music forward
That is to prove the music that is already formed wrong
In other words, change its formation.

There is but one way to move dance forward
That is to prove the dance that is already formed wrong
In other words, change its formation.

There is but one way to move painting forward
That is to prove the painting that is already formed wrong
In other words, change its formation.

There is but one way to move sculpture forward
That is to prove the sculpture that is already formed wrong
In other words, change its formation.

There is but one way to move cinema forward
That is to prove the cinema that is already formed wrong
In other words, change its formation.

There is but one way to move art forward
That is to prove the art that is already formed wrong
In other words, change its formation.

Il n’y a qu’un moyen

Il n’y a qu’un moyen de faire avancer la poésie
C’est de donner tort à la poésie déjà constituée
Autant dire de changer sa constitution.

Il n’y a qu’un moyen de faire avancer la musique
C’est de donner tort à la musique déjà constituée
Autant dire de changer sa constitution.

Il n’y a qu’un moyen de faire avancer la danse
C’est de donner tort à la danse déjà constituée
Autant dire de changer sa constitution.

Il n’y a qu’un moyen de faire avancer la peinture
C’est de donner tort à la peinture déjà constituée
Autant dire de changer sa constitution.

Il n’y a qu’un moyen de faire avancer la sculpture
C’est de donner tort à la sculpture déjà constituée
Autant dire de changer sa constitution.

Il n’y a qu’un moyen de faire avancer le cinéma
C’est de donner tort au cinéma déjà constitué
Autant dire de changer sa constitution.

Il n’y a qu’un moyen de faire avancer l’art
C’est de donner tort à l’art déjà constitué
Autant dire de changer sa constitution.

When

When the temporal framework is exceeded,
When the spatial framework is exceeded,
When the phenomena of complexity take hold,
When branching states occur,
When the chaotic is perforce the universal principle.

Lorsque

Lorsqu'est dépassé le cadre temporel,
Lorsqu'est dépassé le cadre spatial,
Lorsque s'installent les phénomènes de complexité,
Lorsqu'interviennent les états bifurqués,
Lorsque s'impose le chaotique comme principe universel.

Blackboard

Blackboard,
Black photography,
Black sculpture,
Black music,
Black ballet,
Black film,
Black poetry,
Black theater,
Black song,
Black drawing,
Brilliant design!

Tableau noir

Tableau noir,
Photographie noire,
Sculpture noire,
Musique noire,
Ballet noir,
Film noir,
Poésie noire,
Théâtre noir,
Chant noir,
Dessin noir,
Dessein brillant!

Poem

Non virtual.
Without illusion.
Without appearance.
Nor metaphor.
Self-referential.

Poème

Non virtuel.
Sans illusion.
Sans apparence.
Ni métaphore.
Autoréférentiel.

That's It

Points without volume,
Subjective psi waves,
(Whole) numbers associated with abstract properties,
That is us,
That is the material content of the universe.

C’est ça

Des points sans volume,
Des ondes psi subjectives,
Des nombres (entiers) associés à des propriétés abstraites,
C’est nous,
C’est le contenu matériel de l’univers.

Untitled

Sans titre

1	2	3	
5310 ± 30	0.05 ± 0.03	5310	g.s.
5190 ± 30	0.05 ± 0.03	5207	g.s.
4869	≤ 0.3	4861	g.s.
4749 ± 5	0.3 ± 0.2	4749	g.s.
4456.8 ± 1.6	2.1 ± 0.5	4457	g.s.
4320	≤ 0.5	5310	992
4215 ± 3	0.6 ± 0.4	5207	992
3869 ± 2	0.5 ± 0.2	4861	992
3795 ± 2	1.4 ± 0.4	3797	g.s.
3465	≤ 2	4457	992
3426.2 ± 1.8	10 ± 1	3426	g.s.
3366.9 ± 1.6	36 ± 4	3367	g.s.
3264	≤ 1	3264	g.s.
3189 ± 2	≤ 0.9	3188	g.s.
2806 ± 2	1.5 ± 0.9	3797	992
2550 ± 2	2 ± 2	4457	1911
2374.7 ± 1.4	14 ± 3	3367	992
2272 ± 2	4 ± 2	3264	992
2195.6 ± 0.9	26 ± 4	3188	992
1995.0 ± 0.5	12 ± 4	3797	1801
1798 ± 4	12 ± 3	1801	g.s.
1568 ± 2	11 ± 4	3367	1801
1387.8 ± 1.4	30 ± 3	3188	1801
1276.6 ± 2	13 ± 3	3188	1911
992.2 ± 0.5	100 ± 3	992	g.s.
919.1 ± 0.4	17 ± 2	1911	992
809.4 ± 0.4	32 ± 2	1801	992
427.1 ± 0.5	4 ± 2	3797	3367
	^{63}Zn		
671.2 ± 0.5			
961.9 ± 0.4			

Considering the Canonical Forms of L'2

Alphabet:

(,), ∈, ∋, ~, ⊃, *a*, *v*, ⊢, *V*, 𝔖, *T*, *A*, =, 0, ≠, ∅, *S*, |, ≡, ∃, ^.

Axioms:

A1. A*a*.
A2. (= (.
A3.) =).
A4. ∈ = ∈.
A5. ∋ = ∋.
A6. ~ = ~.
A7. ⊃ = ⊃.
A8. *a* = *a*.
A9. *v* = *v*.
A10. ⊢((*vaaa*)((*vaaa* ∈ *va*) ≡ (*vaaa* ∈ *vaa*)) ⊃ ((*vaaaaa* ∈ *va*) ⊃ ((*va* ∈ *vaaaa*) ⊃ (*vaa* ∈ *vaaaa*)))).

Productions:

P1. $Aa \rightarrow A\alpha a$.
P2. $A\alpha \rightarrow Vv\alpha$.
P3. $V\alpha \rightarrow T\alpha$.
P4. $T\alpha, T\beta \rightarrow \mathfrak{S}(\alpha \in \beta)$.
P5. $\mathfrak{S}\alpha, V\beta \rightarrow T\beta \ni \alpha$.
P6-P7. P7-P8 of L'_2.
P8. $\mathfrak{S}\alpha, V\beta \rightarrow \mathfrak{S}(\beta)\alpha$.
P9. P10 of L'_2.
P10. $\vdash\alpha, V\beta \rightarrow \vdash(\beta)\alpha$.
P11-P21. P12-P22 of L'_2.
P22. $V\alpha, T\beta \ni \gamma \rightarrow \alpha \neq \beta \ni \gamma$.
P23. $V\alpha \rightarrow \alpha 0 \alpha$.
P24. $V\alpha, V\beta, \alpha \neq \beta \rightarrow \alpha\emptyset\beta$.
P25. $T\alpha, T\beta, V\gamma, \gamma 0\alpha \rightarrow \gamma 0(\alpha \in \beta)$.
P26. $T\alpha, T\beta, V\gamma, \gamma 0\beta \rightarrow \gamma 0(\alpha \in \beta)$.
P27. $T\alpha, T\beta, V\gamma, \gamma\emptyset\alpha, \gamma\emptyset\beta \rightarrow \gamma\emptyset(\alpha \in \beta)$.
P28. $\mathfrak{S}\alpha, V\beta, \beta 0\alpha \rightarrow \beta 0 \sim \alpha$.
P29. $\mathfrak{S}\alpha, V\beta, \beta\emptyset\alpha \rightarrow \beta\emptyset \sim \alpha$.
P30. $\mathfrak{S}\alpha, \mathfrak{S}\beta, V\gamma, \gamma 0\alpha \rightarrow \gamma 0(\alpha \supset \beta)$.
P31. $\mathfrak{S}\alpha, \mathfrak{S}\beta, \mathrm{V}\gamma, \gamma 0\beta \rightarrow \gamma 0(\alpha \supset \beta)$.
P32. $\mathfrak{S}\alpha, \mathfrak{S}\beta, \mathrm{V}\gamma, \gamma\emptyset\alpha, \gamma\emptyset\beta \rightarrow \gamma\emptyset(\alpha \supset \beta)$.
P33. $\mathfrak{S}\alpha, \mathrm{V}\beta \rightarrow \beta\boldsymbol{\emptyset}(\beta)\alpha$.

Étant donnée la forme canonique de L'2

Alphabet :

(,), $\in$, $\ni$, ~, $\supset$, *a*, *v*, $\vdash$, *V*, $\mathfrak{S}$, *T*, *A*, =, 0, ≠, ∅, *S*, |, ≡, ∃, ^.

Axiomes :

A1. A*a*.
A2. (= (.
A3.) =).
A4. $\in = \in$.
A5. $\ni = \ni$.
A6. ~ = ~.
A7. $\supset = \supset$.
A8. $a = a$.
A9. $v = v$.
A10. $\vdash((vaaa)((vaaa \in va) \equiv (vaaa \in vaa)) \supset ((vaaaaa \in va) \supset ((va \in vaaaa) \supset (vaa \in vaaaa))))$.

Productions :

P1. $Aa \rightarrow A\alpha a$.
P2. $A\alpha \rightarrow Vv\alpha$.
P3. $V\alpha \rightarrow T\alpha$.
P4. $T\alpha, T\beta \rightarrow \mathfrak{S}(\alpha \in \beta)$.
P5. $\mathfrak{S}\alpha, V\beta \rightarrow T\beta \ni \alpha$.
P6-P7. P7-P8 of L'_2.
P8. $\mathfrak{S}\alpha, V\beta \rightarrow \mathfrak{S}(\beta)\alpha$.
P9. P10 of L'_2.
P10. $\vdash\alpha, V\beta \rightarrow \vdash(\beta)\alpha$.
P11-P21. P12-P22 of L'_2.
P22. $V\alpha, T\beta \ni \gamma \rightarrow \alpha \neq \beta \ni \gamma$.
P23. $V\alpha \rightarrow \alpha 0 \alpha$.
P24. $V\alpha, V\beta, \alpha \neq \beta \rightarrow \alpha \emptyset \beta$.
P25. $T\alpha, T\beta, V\gamma, \gamma 0 \alpha \rightarrow \gamma 0(\alpha \in \beta)$.
P26. $T\alpha, T\beta, V\gamma, \gamma 0 \beta \rightarrow \gamma 0(\alpha \in \beta)$.
P27. $T\alpha, T\beta, V\gamma, \gamma\emptyset\alpha, \gamma\emptyset\beta \rightarrow \gamma\emptyset(\alpha \in \beta)$.
P28. $\mathfrak{S}\alpha, V\beta, \beta 0 \alpha \rightarrow \beta 0 \sim \alpha$.
P29. $\mathfrak{S}\alpha, V\beta, \beta\emptyset\alpha \rightarrow \beta\emptyset \sim \alpha$.
P30. $\mathfrak{S}\alpha, \mathfrak{S}\beta, V\gamma, \gamma 0 \alpha \rightarrow \gamma 0(\alpha \supset \beta)$.
P31. $\mathfrak{S}\alpha, \mathfrak{S}\beta, \mathrm{V}\gamma, \gamma 0 \beta \rightarrow \gamma 0(\alpha \supset \beta)$.
P32. $\mathfrak{S}\alpha, \mathfrak{S}\beta, \mathrm{V}\gamma, \gamma\emptyset\alpha, \gamma\emptyset\beta \rightarrow \gamma\emptyset(\alpha \supset \beta)$.
P33. $\mathfrak{S}\alpha, \mathrm{V}\beta \rightarrow \beta\emptyset(\beta)\alpha$.

To Be Proven

À démontrer

(a). $[ab0 = a$.

(b). $[ab|Sn = b$.

(c). If n is in $\mathfrak{N}$, then $na|K00 = n$.

(d). $\mathfrak{p}0 = 0$.

(e). If n is in $\mathfrak{N}$, then $\mathfrak{p}|Sn = n$.

(f). $\Theta a = a|\Theta a$.

(g). $\beta agf0 = \alpha$.

(h). If n is in $\mathfrak{N}$, then $\beta agf|\,Sn = gn|fn$.

(i). If $f = Rag$, then $f = \beta agf$, and

$f0 = a$,

$f|\,Sn = gn|fn$, for all n in $\mathfrak{N}$.

(j). $\mu an = [n||\mu a|Sn|an$.

(k). If $a0 = 0$, then $\mu a0 = 0$.

(l). If $a0$ is in $\mathfrak{N}$ but different from 0,
then $\mu an = \mu a1$.

(m). If $an = 0$, then $\mu an = n$.

(n). If an is in $\mathfrak{N}$ but different from 0,
then $\mu an = \mu a|Sn$.

(o). If there is an n in R such that $an = 0$,
then a0 is the smallest such integer .

(p). If there is an integer $n \geq m$ such that
$an = 0$, then μam is the smallest one.

(q). $\Lambda a1 = \mu a0$.

(r). $\Lambda a|S|Sn = \mu a|S||\Lambda a|Sn$.

(s). If the equation $am = 0$ has at least n
solutions in non-negative integers,then Λan is the
n-th solution in order of magnitude.

(t). $00 = 1$, $Sn0 = 0$.

P34. $\mathfrak{S}\alpha, V\beta, V\gamma, \beta 0\alpha, \beta \neq \gamma \rightarrow \beta 0(\gamma)\alpha$.

P35. $\mathfrak{S}\alpha, V\beta, V\gamma, \beta\emptyset\alpha, \beta \neq \gamma \rightarrow \beta\emptyset(\gamma)\alpha$.

P36. $\mathfrak{S}\alpha, V\beta \rightarrow \beta\emptyset\beta \ni \alpha$.

P37. Data of P34 $\rightarrow \beta 0\gamma \ni \alpha$.

P38. Data of P35 $\rightarrow \beta\emptyset\gamma \ni \alpha$.

P39. $T\alpha, V\beta, \beta\emptyset\gamma \rightarrow S(\alpha|\beta|\gamma) = \gamma$.

P40. $T\alpha, V\beta \rightarrow S(\alpha|\beta|\beta) = \alpha$.

P41. $T\alpha, V\beta, T\gamma, T\delta \rightarrow S(\alpha|\beta|(\gamma \in \delta)) = (S(\alpha|\beta|\gamma) \in (S(\alpha|\beta|\delta))$.

P42. $T\alpha, V\beta, \mathfrak{S}\gamma \rightarrow S(\alpha|\beta|{\sim}\gamma) = {\sim}\, S(\alpha|\beta|\gamma)$.

P43. $T\alpha, V\beta, \mathfrak{S}\gamma, \mathfrak{S}\delta \rightarrow S(\alpha|\beta|{\sim}\,(\gamma \supset \delta)) = S(\alpha|\beta|\gamma) \supset$
$S(\alpha|\beta|\delta))$.

P44. $T\alpha, V\beta, V\gamma, \mathfrak{S}\delta, \alpha \neq \gamma, \beta \neq \gamma \rightarrow S(\alpha|\beta|(\gamma)\delta) = (\gamma)\, S(\alpha|\beta|\delta)$.

P45. $T\alpha, V\beta, V\gamma, \mathfrak{S}\delta, \alpha \neq \gamma, \beta \neq \gamma \rightarrow \mathrm{S}(\alpha|\beta|\gamma \ni \delta) = \gamma \ni$
$S(\alpha|\beta|\delta)$.

P46. $\alpha = \beta, \vdash\alpha \rightarrow \vdash\beta$.

P47. $\mathfrak{S}\alpha, \mathfrak{S}\beta, V\gamma, \gamma\emptyset\alpha \rightarrow \vdash((\gamma)(\alpha \supset \beta) \supset (\alpha \supset (\gamma)\beta))$.

P48. $\mathrm{T}\alpha, V\beta, \mathfrak{S}\gamma \rightarrow \vdash((\beta)\gamma \supset S(\alpha|\beta|\gamma))$.

P49-P54. P53-P58 of L'_2.

P55. $\mathfrak{S}\alpha, V\beta \rightarrow \mathfrak{S}(\exists\beta)\alpha$.

P56. $\mathfrak{S}\alpha, V\beta \rightarrow \vdash((\exists\beta)\alpha \equiv {\sim}\,(\beta) \sim (\alpha)$.

P57. $\mathfrak{S}\alpha, V\beta, V\gamma, V\delta, \beta \neq \gamma, \beta \neq \delta, \gamma \neq \delta, \beta\emptyset\alpha \rightarrow$
$\vdash(\exists\beta)(\gamma)((\gamma \in \beta) \equiv ((\gamma \in \delta) \wedge \alpha))$.

P58. $\mathfrak{S}\alpha, V\beta, V\gamma, V\delta, \delta\emptyset\alpha, \gamma \neq \delta, \beta \neq \delta \rightarrow \vdash((\gamma \in \beta \ni \alpha)$
$\equiv (\exists\delta)\, (\gamma \in \delta) \wedge (\beta)((\beta \in \delta) \equiv \alpha)))$.

P59. $\mathfrak{S}\alpha, V\beta, V\gamma, V\delta, \delta\emptyset\alpha, \gamma \neq \delta, \beta \neq \delta \rightarrow \vdash((\beta \ni \alpha \in \gamma)$
$\equiv (\exists\delta)(\delta \in \gamma) \wedge (\beta)(\beta \in \delta) \equiv \alpha)))$.

Interpretation: "Vα" means "α is a variable".
"Tα" means "α is a term".
The rest as before.

In order to put L_3 into canonical form it would be simplest to use Hailperin's formulation [IX]1.

Another Approach to Infinity

Une autre approche de l'infini

$$1 + \frac{1}{9} = \frac{9}{9} + \frac{1}{9} = \frac{10}{9} =$$

$$\begin{array}{r|l} 10 & 9 \\ \hline 10 & 1{,}111... \\ 10 & \\ 10 & \\ 10 & \\ 1 & \end{array}$$

0.10100100010000 10000010000001

Is a perfectly "regular" decimal number but without groups of numbers that are periodically repeated.

0,10100100010000 10000010000001

Est un nombre décimal parfaitement «régulier» mais sans groupes de chiffres répétés périodiquement.

Proof

Preuve

Proof. Let $A^2 = \hat{x}\hat{y}\,\mathfrak{A}(x, y)$, $B^2 = \hat{y}\hat{x}\,\mathfrak{A}(x, y)$. Then $(x)\,\mathfrak{A}(x, y) = (\Pi A^2)y$, and $(y)(x)\,\mathfrak{A}(x, y) = \Pi(\Pi A^2)$, and similarly $(x)(y)\,\mathfrak{A}(x, y) = \Pi(\Pi B^2)$. Now take $(x)(y)\,\mathfrak{A}(x, y)$ as hypothesis, and let α, β be in $\mathfrak{I}$. Then

$$\Pi(\Pi B^2),$$
$$\Pi(\Pi B^2) \supset (\Pi B^2)\alpha,$$
$$(\Pi B^2)\alpha,$$
$$(\Pi B^2)\alpha \supset B^2\beta\alpha, \quad (F_n 2)$$
$$B^2\beta\alpha,$$
$$B^2\beta\alpha \supset \mathfrak{A}(\alpha, \beta),$$
$$\mathfrak{A}(\alpha, \beta),$$
$$\mathfrak{A}(\alpha, \beta) \supset A^2\alpha\beta,$$
$$A^2\alpha\beta$$

form a proof of $A^2\alpha\beta$ from the hypothesis. Hence $\vdash \Pi(\Pi B^2) \supset A^2\alpha\beta$. Since this holds for all β in $\mathfrak{I}$, then $\vdash \Pi(\Pi B^2) \supset (\Pi A^2)\beta$, by $F_1 2$, $F_1 4$ and A7". Applying these postulates again, we obtain

$$\vdash \Pi(\Pi B^2) \supset \Pi(\Pi A^2).$$

Monostich

Monostique

$$M^2 = \sum_{\theta} \left(\frac{\sigma(\theta)\,\mathrm{exp} - \sigma(\theta)\,\mathrm{calc}}{\Delta\sigma(\theta)\,\mathrm{exp}} \right)^2 + \sum_{k,\theta} \left(\frac{<T_{2k}>\mathrm{exp} - <T_{2k}>\mathrm{calc}}{\Delta <T_{2k}>\mathrm{exp}} \right)^2$$

Interpret in English the Following Sentences in L1

Interprétez en anglais les lignes suivantes en L1

$((a0)\, f10a0 \supset f10a00).$

$((a0)\, f10a0 \supset \sim (a0) \sim f10a0).$

$((a0)\,(a00)\, f110a0a00 \supset (a00)\,(a0)\, f110a0a00).$

$((a0)\,(f110a0a00 \supset \sim f110a0a0).$

$\sim (a0)\,(a00)\,(f110a0a00 \supset f1100a00a0).$

$((a0)\,(f10a0 \supset f100a0) \supset (f10a0 \supset f100a0)).$

$((vba)\,((vba \in vbba) \supset (vba \in vbbaa)) \supset$

$((vba)\,((vba \in vbbaa) \supset (vba \in vbbaaa)) \supset$

$(vba)\,(vba \in vbba) \supset (vba \in vbbaaa)))).$

$((vba)\,(vba \in vbba) \supset (vbaa \in vbba)).$

$(\exists vbba)\,(vba)\,((vba \in vbba\ ) \equiv \sim (vba \in vbbaa)).$

$vba \ni (\exists vbba)\,((vba \in vbba) \wedge (vbba \in vbbba)).$

$((vba \in vba \ni (vbba)\,((vba \in vbba\ ) \supset (vba \in$

$vbba))) \equiv (\exists vbba)\,((vba \in vbba) \wedge (vba)\,((vba \in$

$vbba) \equiv (vbba)\,((vba \in vbba) \supset (vba \in vbba))))).$

$vbbaa \ni (vba)\,((vba \in vbba) \equiv (vba \in vbbaa)).$

If

If $x \in \alpha \cup (\beta \cap \gamma)$, then either $x \in \alpha$ or $x \in \beta \cap \gamma$ or both. If $x \in \alpha$, then certainly $x \in \alpha \cup \beta$ and also $x \in \alpha \cup \gamma$. Hence $x \in (\alpha \cup \beta) \cap (\alpha \cup \gamma)$. Alternatively, if $x \in \beta \cap \gamma$, then $x \in \beta$ and $x \in \gamma$. From the first, $x \in \alpha \cup \beta$, and from the second, $x \in \alpha \cup \gamma$. Hence $x \in (\alpha \cup \beta) \cap (\alpha \cup \gamma)$. We have thus shown that if $x \in \alpha \cup (\beta \cap \gamma)$,then $x \in (\alpha \cup \beta) \cap (\alpha \cup \gamma)$. The converse may be shown in a similar manner.

If view of T5 and T7, we shall write $\alpha \cap \beta \cap \gamma$, for $(\alpha \cap \beta) \cap \gamma$, and $\alpha \cup \beta \cup \gamma$ for $(\alpha \cup \beta) \cup \gamma$, etc.

Si

Si $x \in \alpha \cup (\beta \cap \gamma)$, alors, soit $x \in \alpha$, soit $x \in \beta \cap \gamma$, ou les deux. Si $x \in \alpha$, alors certainement $x \in \alpha \cup \beta$ et aussi $x \in \alpha \cup \gamma$. D'où $x \in (\alpha \cup \beta) \cap \alpha \cup \gamma)$. Ou encore, si $x \in \beta \cap \gamma$, alors $x \in \beta$ et $x \in \gamma$. Par déduction de la première, $x \in \alpha \cup \beta$, et de la seconde, $x \in \alpha \cup \gamma$. D'où $x \in (\alpha \cup \beta) \cap (\alpha \cup \gamma)$. Nous avons démontré ainsi que si $x \in \alpha \cup (\beta \cap \gamma)$, alors $x \in (\alpha \cup \beta) \cap (\alpha \cup \gamma)$. L'inverse peut se démontrer de manière analogue. Compte tenu de T5 et T7, nous écrirons $\alpha \cap \beta \cap \gamma$, pour $(\alpha \cap \beta) \cap \gamma$, et $\alpha \cup \beta \cup \gamma$ pour $(\alpha \cup \beta) \cup \gamma$, etc.

Considering the Canonical Form of L'1

Alphabet:

o, 1, a, f, (,), $\supset$, ~, I, F, S, $\mathfrak{S}$, =, |, $\vdash$, $\neq$, 0, $\emptyset$, Z, U.

Axioms:

A1. Zo.
A2. $U1$.
A3. $o = o$.
A4. $1 = 1$.
A5. $a = a$.
A6. $f = f$.
A7. $(= ($.
A8. $) =)$.
A9. $\supset = \supset$.
A10. $\sim = \sim$.

Productions:

P1. $Z\alpha \rightarrow Z\alpha o$.
P2. $U\alpha \rightarrow U\alpha 1$.
P3. $Z\alpha \rightarrow Ia\alpha$.
P4. $U\alpha, Z\beta \rightarrow F\alpha f\alpha\beta$.
P5. $F1f\alpha, I\beta \rightarrow \mathfrak{S}f\alpha\beta$.
P6. $U\alpha, F\alpha 1 f\beta, I\gamma \rightarrow F\alpha f\beta\gamma$
P7. $\mathfrak{S}\alpha \rightarrow \mathfrak{S} \sim \alpha$
P8. $\mathfrak{S}\alpha, \mathfrak{S}\beta \rightarrow \mathfrak{S}(\alpha \supset \beta)$.
P9. $\mathfrak{S}\alpha, I\beta \rightarrow \mathfrak{S}(\beta)\alpha$.
P10. $\vdash\alpha, \vdash(\alpha \supset \beta) \rightarrow \vdash\beta$.
P11. $\vdash\alpha, I\beta \rightarrow \vdash(\beta)\alpha$.
P12. $\mathfrak{S}\alpha, \mathfrak{S}\beta, \mathfrak{S}\gamma \rightarrow \vdash((\alpha \supset (\beta \supset \gamma)) \supset ((\alpha \supset \beta) \supset (\alpha \supset \gamma)))$.
P13. $\mathfrak{S}\alpha, \mathfrak{S}\beta \rightarrow \vdash(\alpha \supset (\beta \supset \alpha))$.
P14. $\mathfrak{S}\alpha, \mathfrak{S}\beta \rightarrow \vdash((\sim\alpha \supset \sim\beta) \supset (\beta \supset \alpha))$.
P15. $\alpha = \beta \rightarrow \beta = \alpha$.
P16. $\alpha = \beta, \beta = \gamma \rightarrow \alpha = \gamma$.
P17. $\alpha = \beta, \gamma = \delta \rightarrow \alpha\gamma = \beta\delta$.
P18. $\alpha \neq \beta \rightarrow \beta \neq \alpha$.
P19. $\alpha = \beta, \beta \neq \gamma \rightarrow \alpha \neq \gamma$.
P20. $\alpha = \beta, \gamma \neq \delta \rightarrow \alpha\gamma \neq \beta\delta$.
P21. $\alpha \neq \beta, \gamma = \delta \rightarrow \alpha\gamma = \beta\delta$.
P22. $Z\alpha \rightarrow a \neq a\alpha$.
P23. $I\alpha \rightarrow \alpha 0 \alpha$.
P24. $I\alpha, I\beta, \alpha \neq \beta \rightarrow \alpha\emptyset\beta$.
P25. $U\alpha, Z\beta, I\gamma \rightarrow \gamma\emptyset f\alpha\beta$.

Étant donnée la forme canonique de L'1

Alphabet :

$o, 1, a, f, (,), \supset, \sim, I, F, S, \mathfrak{S}, =, |, \vdash, \neq, 0, \emptyset, Z, U.$

Axiomes :

A1. $Zo.$
A2. $U1.$
A3. $o = o.$
A4. $1 = 1.$
A5. $a = a.$
A6. $f = f.$
A7. $(= (.$
A8. $) =).$
A9. $\supset = \supset.$
A10. $\sim = \sim.$

Productions :

P1. $Z\alpha \rightarrow Z\alpha o.$
P2. $U\alpha \rightarrow U\alpha 1.$
P3. $Z\alpha \rightarrow I a\alpha.$
P4. $U\alpha, Z\beta \rightarrow F\alpha f \alpha\beta.$
P5. $F1f\alpha, I\beta \rightarrow \mathfrak{S} f\alpha\beta.$
P6. $U\alpha, F\alpha 1 f\beta, I\gamma \rightarrow F\alpha f\beta\gamma$
P7. $\mathfrak{S}\alpha \rightarrow \mathfrak{S} \sim \alpha$
P8. $\mathfrak{S}\alpha, \mathfrak{S}\beta \rightarrow \mathfrak{S}(\alpha \supset \beta).$
P9. $\mathfrak{S}\alpha, I\beta \rightarrow \mathfrak{S}(\beta)\alpha.$
P10. $\vdash\alpha, \vdash(\alpha \supset \beta) \rightarrow \vdash\beta.$
P11. $\vdash\alpha, I\beta \rightarrow \vdash(\beta)\alpha.$
P12. $\mathfrak{S}\alpha, \mathfrak{S}\beta, \mathfrak{S}\gamma \rightarrow \vdash((\alpha \supset (\beta \supset \gamma)) \supset ((\alpha \supset \beta) \supset (\alpha \supset \gamma))).$
P13. $\mathfrak{S}\alpha, \mathfrak{S}\beta \rightarrow \vdash(\alpha \supset (\beta \supset \alpha)).$
P14. $\mathfrak{S}\alpha, \mathfrak{S}\beta \rightarrow \vdash((\sim \alpha \supset \sim \beta) \supset (\beta \supset \alpha)).$
P15. $\alpha = \beta \rightarrow \beta = \alpha.$
P16. $\alpha = \beta, \beta = \gamma \rightarrow \alpha = \gamma.$
P17. $\alpha = \beta, \gamma = \delta \rightarrow \alpha\gamma = \beta\delta.$
P18. $\alpha \neq \beta \rightarrow \beta \neq \alpha.$
P19. $\alpha = \beta, \beta \neq \gamma \rightarrow \alpha \neq \gamma.$
P20. $\alpha = \beta, \gamma \neq \delta \rightarrow \alpha\gamma \neq \beta\delta.$
P21. $\alpha \neq \beta, \gamma = \delta \rightarrow \alpha\gamma = \beta\delta.$
P22. $Z\alpha \rightarrow a \neq a\alpha.$
P23. $I\alpha \rightarrow \alpha 0 \alpha.$
P24. $I\alpha, I\beta, \alpha \neq \beta \rightarrow \alpha \emptyset \beta.$
P25. $U\alpha, Z\beta, I\gamma \rightarrow \gamma \emptyset f\alpha\beta.$

P26. $I\alpha, F\beta f\gamma \;\rightarrow\; \alpha 0 f\gamma\alpha$.

P27. $I\alpha, I\beta, F\gamma f\delta, \alpha\emptyset f\delta, \alpha \neq \beta \;\rightarrow\; \alpha\emptyset f\delta\beta$.

P28. $I\alpha, I\beta, F\gamma f\delta, \alpha 0 f\delta \;\rightarrow\; \alpha 0 f\delta\beta$.

P29. $I\alpha, \mathfrak{S}\beta, \alpha 0\beta \;\rightarrow\; \alpha 0 \sim \beta$.

P30. $I\alpha, \mathfrak{S}\beta, \alpha\emptyset\beta \;\rightarrow\; \alpha\emptyset \sim \beta$.

P31. $I\alpha, \mathfrak{S}\beta, \mathfrak{S}\gamma, \alpha 0\beta \;\rightarrow\; \alpha 0(\beta \supset \gamma)$.

P32. $I\alpha, \mathfrak{S}\beta, \mathfrak{S}\gamma, \alpha 0\gamma \;\rightarrow\; \alpha 0(\beta \supset \gamma)$.

P33. $I\alpha, \mathfrak{S}\beta, \alpha\emptyset\beta, \alpha\emptyset\gamma \;\rightarrow\; \alpha\emptyset(\beta \supset \gamma)$.

P34. $I\alpha, \mathfrak{S}\beta \;\rightarrow\; \alpha\emptyset(\alpha)\beta$.

P35. $I\alpha, \mathfrak{S}\beta, \mathfrak{S}\gamma, \alpha 0\gamma, \alpha \neq \beta \;\rightarrow\; \alpha 0(\beta)\gamma$.

P36. $I\alpha, I\beta, \mathfrak{S}\gamma, \alpha\emptyset\gamma \;\rightarrow\; \alpha\emptyset(\beta)\gamma$.

P37. $I\alpha, I\beta, \beta\emptyset\gamma \;\rightarrow\; S(\alpha|\beta|\gamma) = \gamma$.

P38. $I\alpha, I\beta \;\rightarrow\; S(\alpha|\beta|\beta) = \alpha$.

P39. $I\alpha, I\beta, I\gamma, F\delta f\zeta \;\rightarrow\; S(\alpha|\beta|f\zeta\gamma) = S(\alpha|\beta|f\zeta)\, S(\alpha|\beta|\gamma)$.

P40. $I\alpha, I\beta, \mathfrak{S}\gamma \;\rightarrow\; S(\alpha|\beta|{\sim}\gamma) = S(\alpha|\beta|\gamma)$.

P41. $I\alpha, I\beta, \mathfrak{S}\gamma, \mathfrak{S}\delta \;\rightarrow\; S(\alpha|\beta|(\gamma \supset \delta)) = S(\alpha|\beta|\gamma) \supset S(\alpha|\beta|\delta))$.

P42. $I\alpha, I\beta, I\gamma, \mathfrak{S}\delta, \alpha \neq \gamma, \beta \neq \gamma \rightarrow S(\alpha|\beta|(\gamma)\delta) = (\gamma)\, S(\alpha|\beta|\delta)$.

P43. $\alpha = \beta\,,\ \vdash\alpha \;\rightarrow\; \vdash\beta$.

P44. $I\alpha, \mathfrak{S}\beta, \mathfrak{S}\gamma, \alpha\emptyset\beta \;\rightarrow\; \vdash((\alpha)\,(\beta \supset \gamma) \supset (\beta \supset (\alpha)\gamma))$.

P45. $I\alpha, I\beta, \mathfrak{S}\gamma \;\rightarrow\; \vdash((\beta)\gamma \supset S(\alpha|\beta|\gamma))$.

Interpretation:

"$I\alpha$" means "α is an individual".
"$F\alpha f\beta$" means "$f\beta$ is a function of degree α".
"$\mathfrak{S}\alpha$" means "α is a sentence".
"$S(\alpha|\beta|\gamma)$" means "the result of substituting α for β in γ".
"$\alpha 0\beta$" means "α occurs free in β".
"$\alpha\emptyset\beta$" means "α does not occur free in β".
"$Z\alpha$" means "α is a string in o".
"$U\alpha$" means "α is a string in 1".

P26. $I\alpha, F\beta f\gamma \rightarrow \alpha 0 f\gamma\alpha$.

P27. $I\alpha, I\beta, F\gamma f\delta, \alpha\emptyset f\delta, \alpha \neq \beta \rightarrow \alpha\emptyset f\delta\beta$.

P28. $I\alpha, I\beta, F\gamma f\delta, \alpha 0 f\delta \rightarrow \alpha 0 f\delta\beta$.

P29. $I\alpha, \mathfrak{S}\beta, \alpha 0\beta \rightarrow \alpha 0 \sim \beta$.

P30. $I\alpha, \mathfrak{S}\beta, \alpha\emptyset\beta \rightarrow \alpha\emptyset \sim \beta$.

P31. $I\alpha, \mathfrak{S}\beta, \mathfrak{S}\gamma, \alpha 0\beta \rightarrow \alpha 0(\beta \supset \gamma)$.

P32. $I\alpha, \mathfrak{S}\beta, \mathfrak{S}\gamma, \alpha 0\gamma \rightarrow \alpha 0(\beta \supset \gamma)$.

P33. $I\alpha, \mathfrak{S}\beta, \alpha\emptyset\beta, \alpha\emptyset\gamma \rightarrow \alpha\emptyset(\beta \supset \gamma)$.

P34. $I\alpha, \mathfrak{S}\beta \rightarrow \alpha\emptyset(\alpha)\beta$.

P35. $I\alpha, \mathfrak{S}\beta, \mathfrak{S}\gamma, \alpha 0\gamma, \alpha \neq \beta \rightarrow \alpha 0(\beta)\gamma$.

P36. $I\alpha, I\beta, \mathfrak{S}\gamma, \alpha\emptyset\gamma \rightarrow \alpha\emptyset(\beta)\gamma$.

P37. $I\alpha, I\beta, \beta\emptyset\gamma \rightarrow S(\alpha|\beta|\gamma) = \gamma$.

P38. $I\alpha, I\beta \rightarrow S(\alpha|\beta|\beta) = \alpha$.

P39. $I\alpha, I\beta, I\gamma, F\delta f\zeta \rightarrow S(\alpha|\beta|f\zeta\gamma) = S(\alpha|\beta|f\zeta)\ S(\alpha|\beta|\gamma)$.

P40. $I\alpha, I\beta, \mathfrak{S}\gamma \rightarrow S(\alpha|\beta|{\sim}\gamma) = S(\alpha|\beta|\gamma)$.

P41. $I\alpha, I\beta, \mathfrak{S}\gamma, \mathfrak{S}\delta \rightarrow S(\alpha|\beta|(\gamma \supset \delta)) = S(\alpha|\beta|\gamma) \supset S(\alpha|\beta|\delta))$.

P42. $I\alpha, I\beta, I\gamma, \mathfrak{S}\delta, \alpha \neq \gamma, \beta \neq \gamma \rightarrow S(\alpha|\beta|(\gamma)\delta) = (\gamma)\ S(\alpha|\beta|\delta)$.

P43. $\alpha = \beta,\ \vdash \alpha \rightarrow\ \vdash \beta$.

P44. $I\alpha, \mathfrak{S}\beta, \mathfrak{S}\gamma, \alpha\emptyset\beta \rightarrow\ \vdash ((\alpha)\,(\beta \supset \gamma) \supset (\beta \supset (\alpha)\gamma))$.

P45. $I\alpha, I\beta, \mathfrak{S}\gamma \rightarrow\ \vdash ((\beta)\gamma \supset S(\alpha|\beta|\gamma))$.

Interprétation :

« $I\alpha$ » signifie « α est un individu ».

« $F\alpha f\beta$ » signifie « $f\beta$ est une fonction de degré α ».

« $\mathfrak{S}\alpha$ » signifie « α est une phrase ».

« $S(\alpha|\beta|\gamma)$ » signifie « le produit du remplacement de β par α dans γ ».

« $\alpha 0\beta$ » signifie « α est libre dans β ».

« $\alpha\emptyset\beta$ » signifie « α n'est pas libre dans β ».

« $Z\alpha$ » signifie « α est une séquence dans o ».

« $U\alpha$ » signifie « α est une séquence dans 1 ».

Parabola

It is the perfect curve obtained by calculating the coordinates of increasing numbers of points.
The two branches of this curve rise toward infinity with an increasingly steep slope.
It is whatever you want... Except for a circle.

Parabole

C'est la courbe parfaite que l'on obtiendrait en calculant les coordonnées de plus en plus de points.
Les deux branches de cette courbe s'élèvent vers l'infini avec une pente de plus en plus forte.
C'est tout ce qu'on veut... Sauf un cercle.

Untitled

Sans titre

-0.022 ± 0.021	-0.069 ± 0.029	-0.044 ± 0.034
-0.017 ± 0.026	-0.110 ± 0.035	-0.092 ± 0.041
-0.059 ± 0.023	-0.137 ± 0.031	-0.106 ± 0.036
-0.084 ± 0.015	-0.135 ± 0.021	-0.174 ± 0.024
-0.056 ± 0.017	-0.255 ± 0.022	-0.188 ± 0.026
-0.078 ± 0.024	-0.115 ± 0.033	-0.146 ± 0.038
-0.082 ± 0.014	-0.434 ± 0.018	-0.313 ± 0.021
0.002 ± 0.017	-0.364 ± 0.023	-0.161 ± 0.027
-0.040 ± 0.017	-0.286 ± 0.022	-0.190 ± 0.026
-0.047 ± 0.016	-0.106 ± 0.022	-0.087 ± 0.026
-0.043 ± 0.016	-0.067 ± 0.022	-0.089 ± 0.025
-0.006 ± 0.029	-0.089 ± 0.040	-0.089 ± 0.049
0.028 ± 0.027	-0.124 ± 0.036	-0.083 ± 0.044
0.070 ± 0.030	-0.220 ± 0.040	-0.125 ± 0.050
0.014 ± 0.020	-0.036 ± 0.028	-0.039 ± 0.034
0.022 ± 0.018	0.219 ± 0.026	0.190 ± 0.031
-0.013 ± 0.012	0.402 ± 0.020	0.299 ± 0.023
-0.018 ± 0.013	0.437 ± 0.022	0.326 ± 0.024
-0.027 ± 0.014	0.501 ± 0.024	0.376 ± 0.027
-0.011 ± 0.036	0.436 ± 0.054	0.353 ± 0.063
0.002 ± 0.034	0.355 ± 0.049	0.296 ± 0.058
0.019 ± 0.034	0.281 ± 0.049	0.246 ± 0.058
0.066 ± 0.023	0.209 ± 0.034	0.234 ± 0.040
-0.113 ± 0.030	-0.150 ± 0.040	-0.172 ± 0.060
-0.124 ± 0.025	0.132 ± 0.036	0.101 ± 0.050
0.020 ± 0.010	0.416 ± 0.017	0.364 ± 0.022
0.071 ± 0.011	0.351 ± 0.018	0.329 ± 0.024
0.001 ± 0.045	0.336 ± 0.066	0.320 ± 0.088
0.049 ± 0.036	0.250 ± 0.052	0.273 ± 0.069
0.065 ± 0.027	0.281 ± 0.040	0.269 ± 0.056
-2.247 ± 0.028	-0.164 ± 0.034	-0.139 ± 0.056
0.073 ± 0.021	-0.036 ± 0.029	-0.024 ± 0.044
0.028 ± 0.020	0.067 ± 0.028	0.135 ± 0.042
0.083 ± 0.036	0.022 ± 0.052	0.004 ± 0.073

Necessary Truth

$$(p \supset r) \supset [(p \supset r) \supset ((p \vee q) \supset r)]$$

is a theorem of elementary logic... an equation set out in an abbreviated form and its most developed equation:

If (if p, then r), then [if (if q, then r), then (if (either p or q), then r)]

which expresses a “necessary truth”.

Vérité nécessaire

$$(p \supset r) \supset [(p \supset r) \supset ((p \vee q) \supset r)]$$

est un théorème de logique élémentaire... une formule énoncée en abrégé et sa formule plus développée :

Si (si p, alors r), alors [si (si q, alors r), alors (si (ou p ou q), alors r)]

qui exprime une « vérité nécessaire ».

Considering the Logic of Classes, The Evidence of Proposition

Considérer la logique des classes, l'évidence de la proposition

T1. $\alpha = \alpha$;

T2. if $\alpha = \beta$, then $\beta = \alpha$;

T3. if $\alpha = \beta$, and $\beta = \gamma$, then $\alpha = \gamma$.

T4. $\alpha \cap \beta = \beta \cap \alpha$;

T5. $\alpha \cap (\beta \cap \gamma) = (\alpha \cap \beta) \cap \gamma$;

T6. $\alpha \cup \beta = \beta \cup \alpha$;

T7. $\alpha \cup (\beta \cup \gamma) = (\alpha \cup \beta) \cup \gamma$;

T8. $\alpha \cap \alpha = \alpha \cup \alpha = \alpha$;

T9. $\alpha \cap (\beta \cup \gamma) = (\alpha \cap \beta) \cup (\alpha \cap \gamma)$;

T10. $\alpha \cup (\beta \cup \gamma) = (\alpha \cup \beta) \cap (\alpha \cup \gamma)$;

T11. $\alpha \cup \alpha' = 1$;

T12. $\alpha \cap \alpha' = 0$;

T13. $\alpha \cap 1 = \alpha \cup 0 = \alpha$;

T14. $\alpha \cup 1 = 1$;

T15. $\alpha \cap 0 = 0$;

T16. $(\alpha')' = \alpha$;

T17. $0' = 1$; $1' = 0$;

T18. $(\alpha \cup \beta)' = \alpha' \cap \beta'$;

T19. $(\alpha \cap \beta)' = \alpha' \cup \beta'$;

T20. $\alpha \cup (\alpha \cap \beta) = \alpha \cap (\alpha \cup \beta) = \alpha$.

Play of Groups

$$\frac{1}{4}+\frac{1}{4}=\frac{2}{4}=\frac{1}{2}$$

$$\frac{1}{8}+\frac{1}{8}+\frac{1}{8}+\frac{1}{8}=\frac{4}{8}=\frac{1}{2}$$

$$\frac{1}{16}+\frac{1}{16}+\frac{1}{16}+\frac{1}{16}+\frac{1}{16}+\frac{1}{16}+\frac{1}{16}+\frac{1}{16}=\frac{8}{16}=\frac{1}{2}$$

and so on.

Each of these groups is equal to $\frac{1}{2}$; 2 000 times $\frac{1}{2}$ is 1 000, 2 000 000 times $\frac{1}{2}$ is 1 000 000, etc.

Jeux de groupes

$$\frac{1}{4}+\frac{1}{4}=\frac{2}{4}=\frac{1}{2}$$

$$\frac{1}{8}+\frac{1}{8}+\frac{1}{8}+\frac{1}{8}=\frac{4}{8}=\frac{1}{2}$$

$$\frac{1}{16}+\frac{1}{16}+\frac{1}{16}+\frac{1}{16}+\frac{1}{16}+\frac{1}{16}+\frac{1}{16}+\frac{1}{16}=\frac{8}{16}=\frac{1}{2}$$

et ainsi de suite.

Chacun de ces groupes est égal à $\frac{1}{2}$; 2 000 fois $\frac{1}{2}$ font déjà 1 000, 2 000 000 de fois $\frac{1}{2}$ font 1 000 000, etc.

Formulae, Axioms for Calculating the Principia

Axioms and their translation	Example for each axiom
$p \supset (p \vee q)$ or, in plain English, if either p or p, then p.	If (either Henry VIII was a lout or Henry VIII was a lout), then Henry VIII was a lout.
$(p \supset p) \vee p$ that is, if p, then either p or q.	If psychoanalysis is in fashion, then (either psychoanalysis is in fashion or aspirin tablets are inexpensive).
$(p \vee q) \supset (q \vee p)$ that is, if either p or q, then either q or p.	If (either Emmanuel Kant was punctual or Hollywood is corrupt), then (either Hollywood is corrupt or Emmanuel Kant was punctual).
$(p \supset q) \supset ((r \vee p) \supset (r \vee q))$ that is, if (if p, then q), then (if (either r or p), then (either r or q)).	If (if ducks paddle around then 5 is a prime number), then (if (either Churchill drinks brandy or ducks paddle around), then (either Churchill drinks brandy or 5 is a prime number)).

Formules, axiomes du calcul des principia

Axiomes et traductions	Exemple pour chaque axiome
$(p \vee p) \supset p$ or, en français ordinaire, si ou p ou p, alors p.	Si (ou Henri VIII était un rustre ou Henri VIII était un rustre), alors Henri VIII était un rustre.
$p \supset (p \vee q)$ c'est-à-dire, si p, alors p ou q.	Si la psychanalyse est à la mode, alors (ou la psychanalyse est à la mode ou les cachets d'aspirine sont bon marché)
$(p \vee q) \supset (q \vee p)$ c'est-à-dire, si p ou q, alors ou q ou p.	Si (ou Emmanuel Kant était ponctuel ou Hollywood est corrompu), alors (ou Hollywood est corrompu ou Emmanuel Kant était ponctuel).
$(p \supset q) \supset (r \vee p) \supset (r \vee q))$ c'est-à-dire, si (si p alors q), alors (si (ou r ou p), alors (ou r ou q)).	Si (si les canards pataugent alors 5 est un nombre premier), alors (si (ou Churchill boit du brandy ou les canards pataugent), alors (ou Churchill boit du brandy ou 5 est un nombre premier)).

Addition and its Representation

The addition:

$$0 + 2 + 4$$

can be rewritten this way:

$$1 \times 0 + 1 \times 2 + 1 \times 4$$

and represented thus:

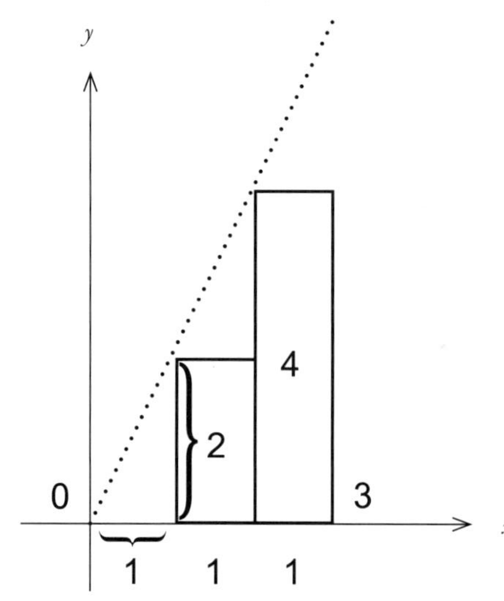

Addition et sa représentation

L'addition :

$0 + 2 + 4$

peut être récrite sous cette forme :

$1 \times 0 + 1 \times 2 + 1 \times 4$

et représentée ainsi :

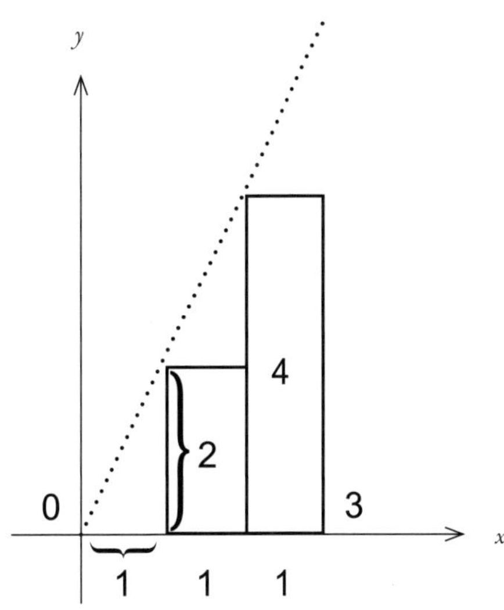

Abstract

Abstrait

$$\begin{aligned}
&\lambda x||A|KxI \;=\; ||A\lambda x|A|Kx\lambda xI \;=\; ||A||A\lambda xA\lambda x|Kx|KI \\
&=\; ||A||A|KA|||A\lambda xK\lambda xx|KI \;=\; ||A||A|KA||A|KKI|KI.
\end{aligned}$$

$$\begin{aligned}
&\lambda x||A|KxIa \;=\; |||A||A|KA||A|KKI|KIa \\
&=\; |A|KA||A|KKIa||KIa \;=\; KAa|||A|KKIaI \\
&=\; A|||KKa|IaI \;=\; A|KaI,
\end{aligned}$$

$$\begin{aligned}
A|KIx \;&=\; A|K||AKKx \;=\; A||A|K|AK|KKx \\
&=\; A||A||A|KA|KK|KKx \\
&=\; A||A|KKx||A|KKx \\
&=\; x
\end{aligned}$$

$$\begin{aligned}
A|KI \;&=\; A|K|A|KII \\
&=\; A|K|A|K||AKKI \;=\; A|K|A||A|K|AK|KKI \\
&=\; A|K|A||A||A|KA|KK|KKI \\
&=\; A|K||A||A|KA|A|KK|A|KKI \\
&=\; A|K||AK|A|KKI \\
&=\; A||A||A|KA|KK|K|A|KKI \\
&=\; A||A|KKI||A|K|A|KKI \\
&=\; I
\end{aligned}$$

$$\begin{aligned}
&\lambda x\lambda y||xyy \;=\; \lambda x||A\lambda y|xy\lambda yy| \;=\; \lambda x||A||A\lambda yx\lambda yyI \\
&=\; \lambda x||A||A|KxII \;=\; ||A\lambda x|A||A|KxI\lambda xI \\
&=\; ||A||A\lambda xA\lambda x||A|KxI|KI \;=\; ||A||A|KA||A\lambda x|A|Kx\lambda xI|KI \\
&=\; ||A||A|KA||A||A\lambda xA\lambda x|Kx|KI|KI \\
&=\; ||A||A|KA||A||A|KA||A\lambda xA\lambda x|Kx|KI|KI \\
&=\; ||A||A|KA||A||A|KA||A|KKI|KI|KI.
\end{aligned}$$

Abstract Discourse

I.

Every function (relation) obtained from recursive functions (relations) through the substitution of recursive functions for variables is recursive; just as every function obtained from recursive functions through a recursive definition according to a particular diagram is recursive;

II.

If R and S are recursive relations, then R and R v S and therefore (R & S are also recursive relations);

III.

If the functions $\Phi(r), \downarrow(n)$ are recursive,
the relation $\Phi(r) = \downarrow(n)$ is likewise;

IV.

If the function $\Phi(r)$ and the relation $R(x,n)$ are recursive, the relations S and T defined by:

$$S(r,n) \sim (Ex)\ [x \leq \Phi(r)\ \&\ R(x,n)]$$

and

$$T(r,n) \sim (x)\ [x \leq \Phi(r) \rightarrow R(x,n)]$$

are likewise, just as the function $\downarrow$ defined by:

$$\downarrow(r,n) = \in[x \leq \Phi(r)\ \&\ R(x,n)].$$

in which $\in F(x)$ means the smallest number x for which $F(x)$ holds, and 0 when this number does not exist.

Discours abstrait

I.

Toute fonction (relation) obtenue à partir de fonctions (relations) récursives par substitution de fonctions récursives aux variables est récursive ; de même, toute fonction obtenue à partir des fonctions récursives par une définition récursive selon un schéma particulier est récursive ;

II.

Si R et S sont des relations récursives, alors R et R v S et donc (R & S sont aussi des relations récursives) ;

III.

Si les fonctions $\Phi(r)$, $\downarrow(n)$ sont récursives,
la relation $\Phi(r) = \downarrow(n)$ l'est aussi ;

IV.

Si la fonction $\Phi(r)$ et la relation $R(x, n)$ sont récursives,
les relations S et T définies par :

$$S(r,n) \sim (Ex)\ [x \leq \Phi(r)\ \&\ R(x,n)]$$

et

$$T(r,n) \sim (x)\ [x \leq \Phi(r) \rightarrow R(x,n)]$$

le sont aussi, de même que la fonction $\downarrow$ définie par :

$$\downarrow(r,n) = \in[x \leq \Phi(r)\ \&\ R(x,n)]\ .$$

où $\in F(x)$ signifie le plus petit nombre x auquel vaut $F(x)$,
et 0 dans le cas où ce nombre n'existe pas.

Deep structure, its representation

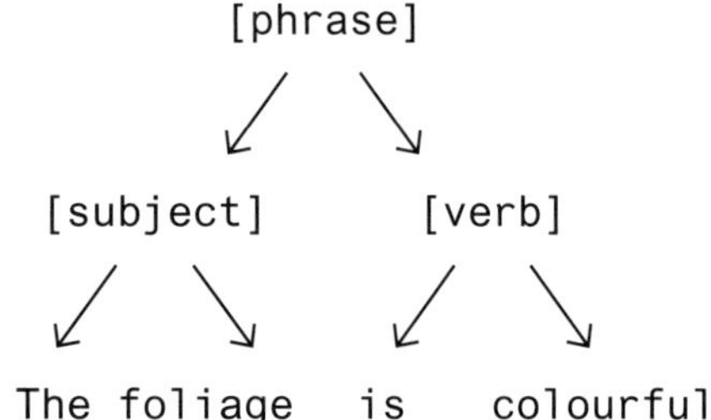

Representation will be even easier if, instead of auxiliary concepts, we employ their abbreviations: Ph in place of [phrase], S in place of [subject], V in place of [verb]. I am going to represent the deep structure of a more complex sentence by numbering the arrows to express the order in which they follow one another. (If a single arrow starts from one point, it is given the number 1.) Besides the aforementioned rules, including this:

[phrase]: [phrase] and [phrase]

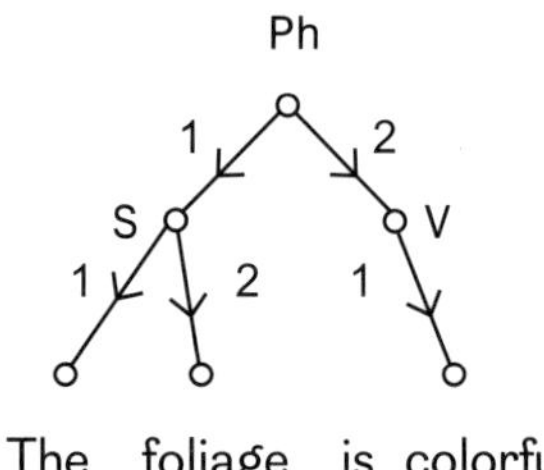

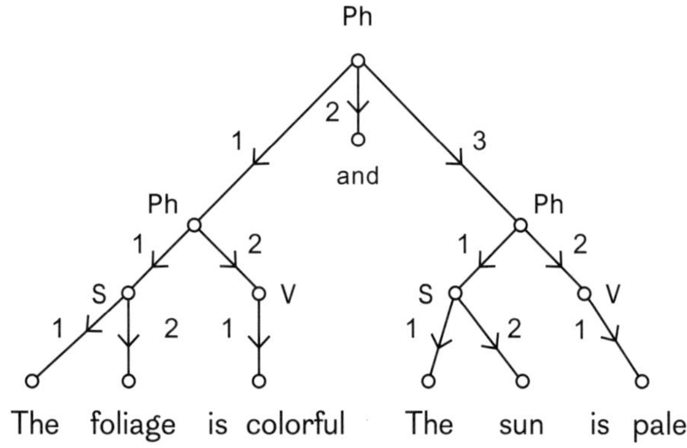

À propos de culture littéraire et culture mathématique

Structure profonde, sa représentation

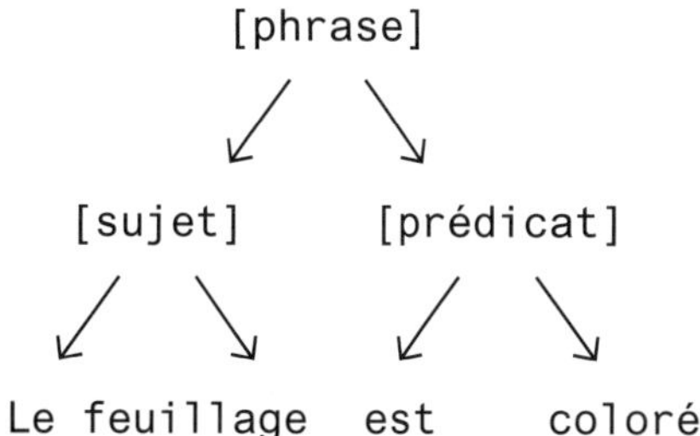

La représentation sera encore plus facile si, au lieu des concepts auxiliaires, nous employons leur abréviation : `Ph` à la place de `[phrase]`, `S` à la place de `[sujet]`, `Pré` à la place de `[prédicat]`. Je vais représenter la structure profonde d'une phrase plus complexe en numérotant les flèches pour exprimer l'ordre dans lequel elles se succèdent. (Si une seule flèche part d'un point, elle porte le numéro 1.) En dehors des règles précitées, dont celle-ci :

`[phrase]` : `[phrase]` et `[phrase]`

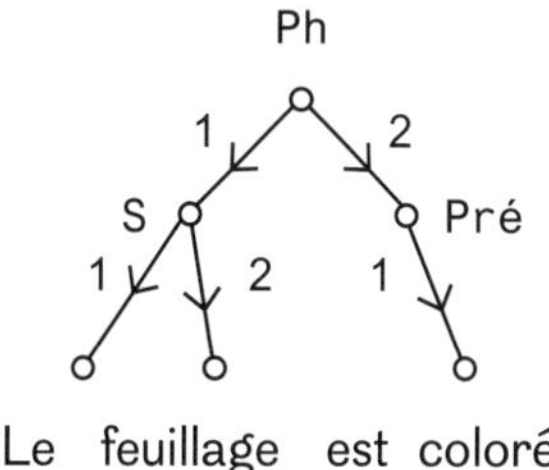

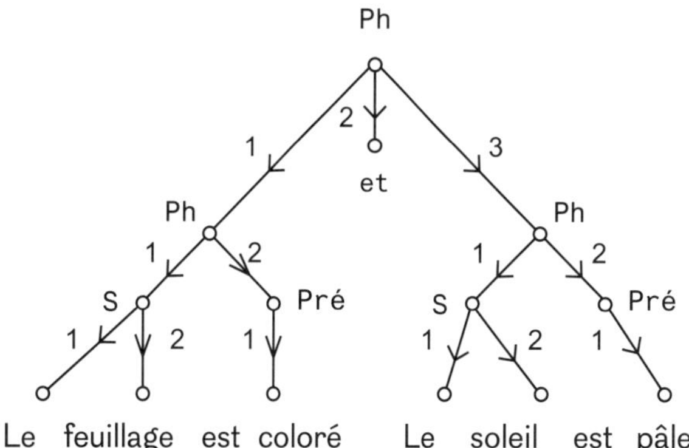

They Say 60 Is a Kind Number

On dit que 60 est un nombre sympathique

$$60 = \begin{cases} 1 \times 60 \\ 2 \times 30 \\ 3 \times 20 \\ 4 \times 15 \\ 5 \times 12 \\ 6 \times 10 \end{cases}$$

Untitled

Sans titre

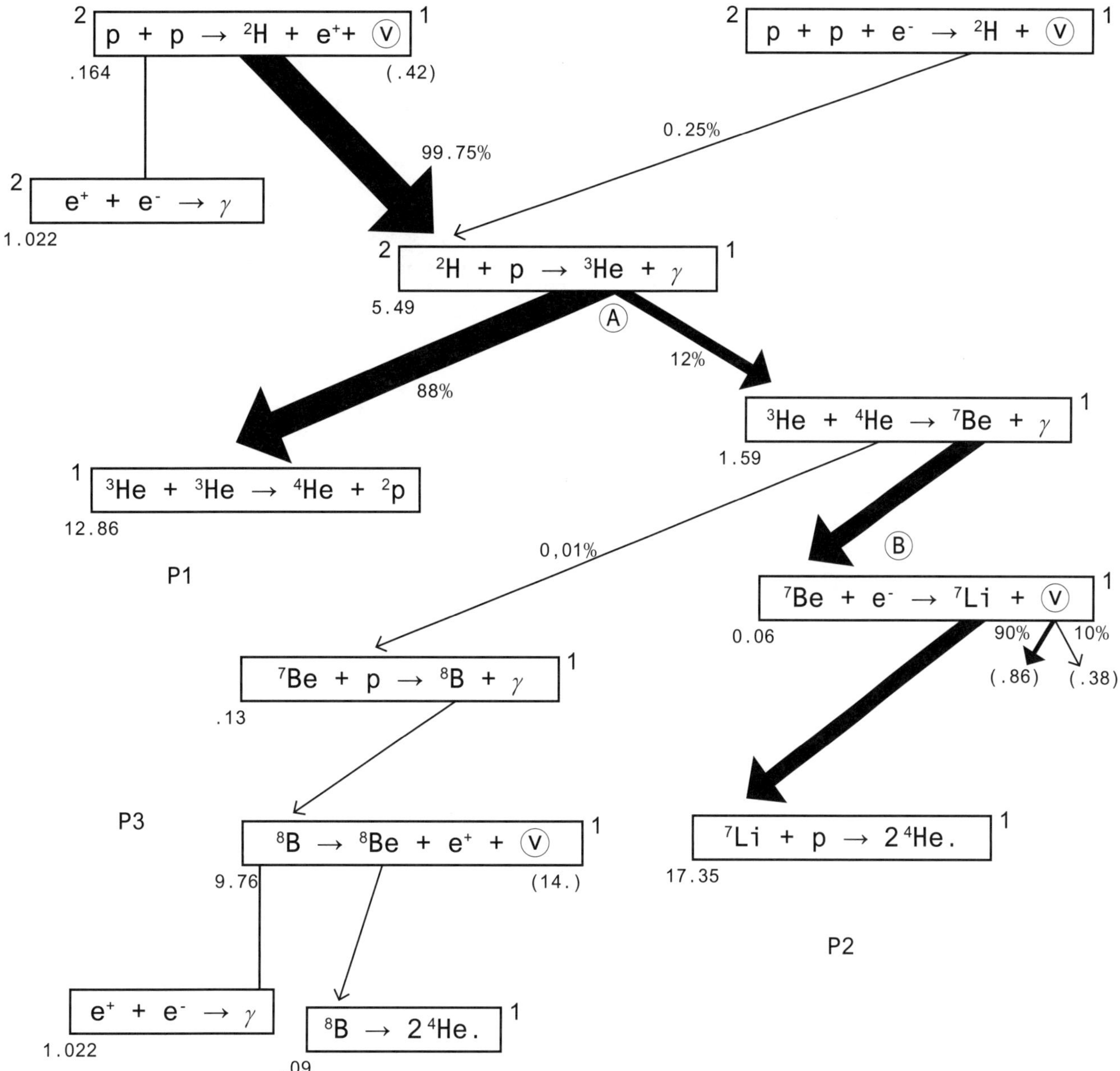
2 p + p → ²H + e⁺+ ν 1
.164
(.42)
2 p + p + e⁻ → ²H + ν 1
0.25%
99.75%
2 e⁺ + e⁻ → γ
1.022
2 ²H + p → ³He + γ 1
5.49
A
12%
88%
³He + ⁴He → ⁷Be + γ 1
1.59
1 ³He + ³He → ⁴He + ²p
12.86
0,01%
B
P1
⁷Be + e⁻ → ⁷Li + ν 1
0.06
90%
10%
(.86)
(.38)
⁷Be + p → ⁸B + γ 1
.13
P3
⁸B → ⁸Be + e⁺ + ν 1
9.76
(14.)
⁷Li + p → 2 ⁴He. 1
17.35
P2
e⁺ + e⁻ → γ
1.022
⁸B → 2 ⁴He. 1
.09

Un lisere deux doigts de sable glisse par l'huis du jour boiteux

1)

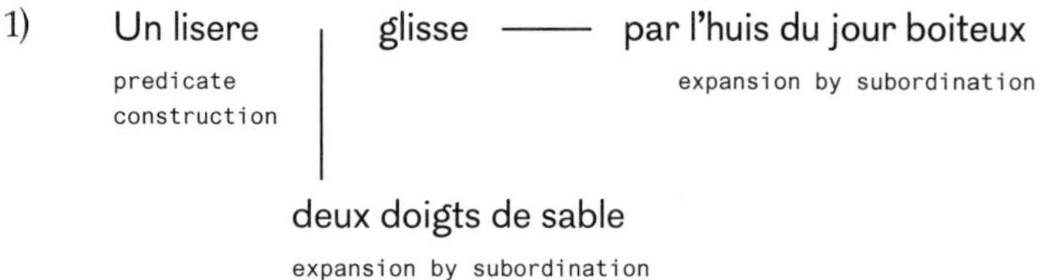

2)

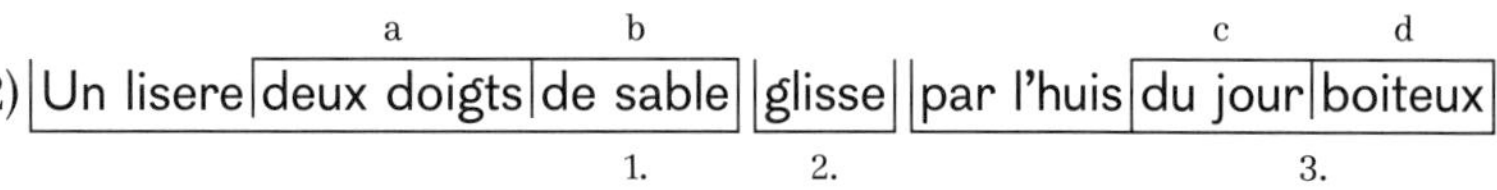

– Between 1 and 2 and 3, are established constituent relationships of the sentence via. These relationships correspond to primary functions.

– The functions of a, b, c, and d are not primary.

a: non primary function indicated by its position

b: non primary function indicated by the functional element "de"

c: non primary function indicated by the non functional element "par"

d: non primary function indicated by its position.

3)

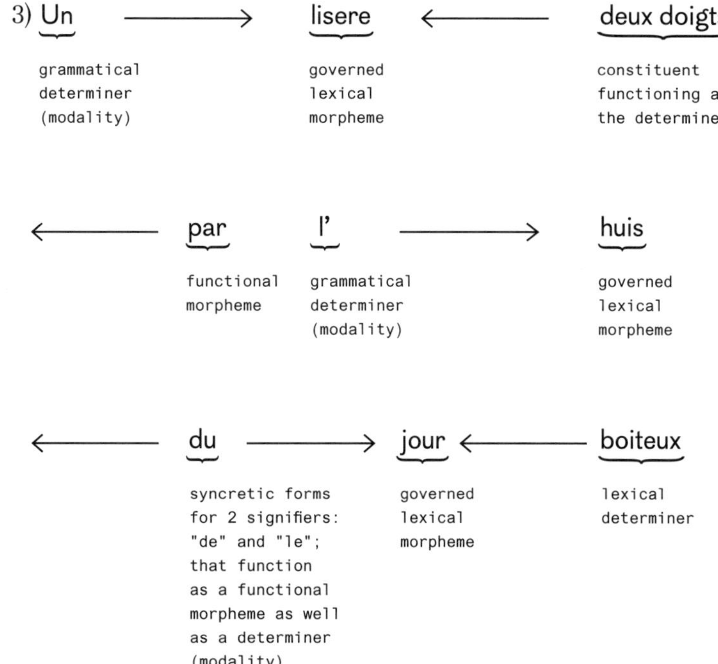

Un lisere deux doigts de sable glisse par l'huis du jour boiteux

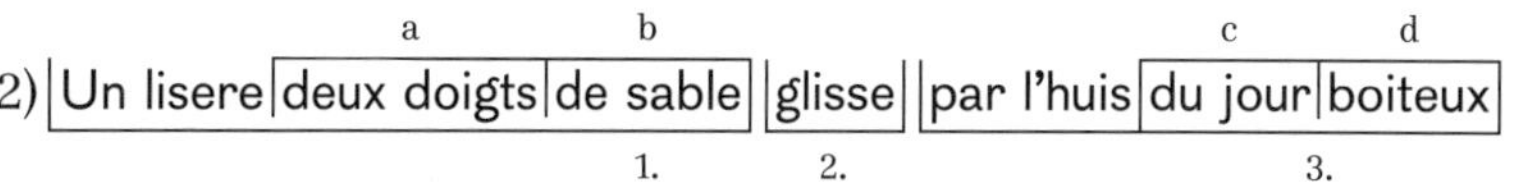

– entre 1 et 2 et entre 2 et 3 s'établissent les rapports constitutifs de la phrase auxquels correspondent des fonctions primaires.
– a, b, c, d ont des fonctions non-primaires :

a : fonction non-primaires marquée par sa position
b : fonction non-primaire marquée par le fonctionnel « de »
c : fonction non-primaire marquée par le fonctionnel « par »
d : fonction non-primaire marquée par sa position.

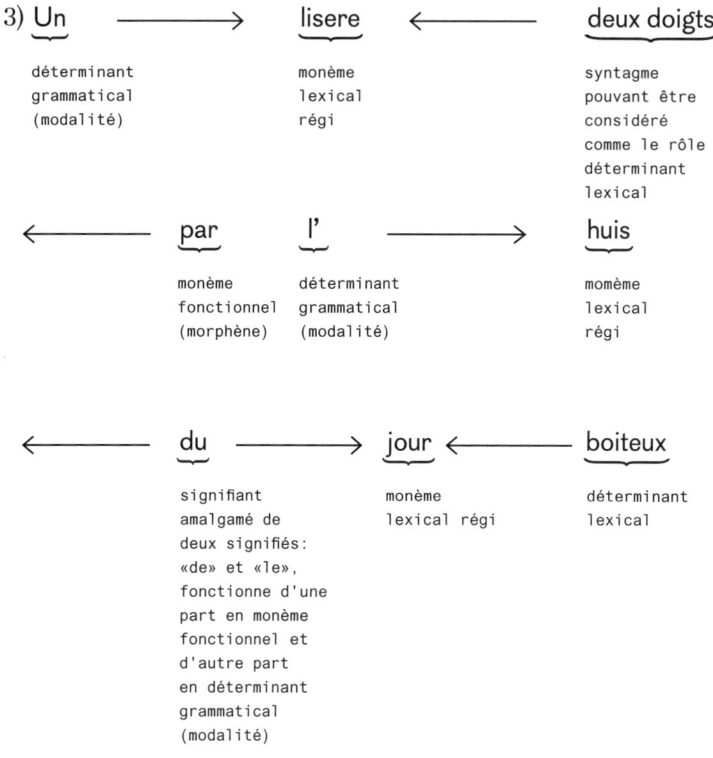

The Love of the License

The love of the license to underline.
The love of Schelling's deep-rooted disagreement with respect to...
The love of the contemporary context.
The love of the will to deconstruct.
The love of absolute knowledge.
The hate of the corrupt world.
The love of the negation of the absolute.
The love of "the identity of identity and difference."
The love of a foundation that lies in an absolute freedom.
The love of the correctly grasped distinction.
The love of the foundation (of being) and the manifestation (of being).
The love of the unification undertaking.
The love of the final translation through opposition.
The love of a crisis trigger the thought of which is the event.
The love of the quest for a wisdom occurring in the world.
The love of questions about the possibility of another kind of thinking.
The love of founding steps.
The love of surprising illusions.
The love of this beginning: "The divine contraction."

L’Amour du permis

L’amour du permis de souligner.
L’amour du désaccord foncier de Schelling par rapport à...
L’amour du contexte contemporain.
L’amour de la volonté de déconstruire.
L’amour du savoir absolu.
La haine du monde corrompu.
L’amour de la négation de l’absolu.
L’amour de « l’identité de l’identité et de la différence ».
L’amour d’un fondement qui réside dans une liberté absolue.
L’amour de la distinction correctement saisie.
L’amour du fondement (de l’étant) et de la manifestation (de l’étant).
L’amour de l’entreprise d’unification.
L’amour de la traduction finale par l’opposition.
L’amour d’une mise en crise dont la pensée est l’événement.
L’amour de la quête d’une sagesse advenant dans le monde.
L’amour des interrogations sur la possibilité d’une autre pensée.
L’amour des démarches fondatrices.
L’amour des illusions surprenantes.
L’amour de ce commencement : « la contraction divine».

Recollection

Of the urgent reduction of inner tensions,
Of principles of displeasure-pleasure,
Of increases of tension,
Of defensive compulsions,
Of unconscious automatisms,
Of the identities of perceptions,
Of the identities of thoughts,
Of repetitions and alienating identifications,
Of tiresome experiences,
Of the progressive assimilations of tensions,
Of creative inner conditions,
Of the detachments of the libido,
Of the familiarizations with the stressful situation,
Of the oppositions between consciousness and the ego,
Of thought and spoken remembrance,
Of the detachment from the imaginary object,
Of the anxious wait for the traumatic situation,
Of the substitution of experience for obedience,
Of the resolution of the defensive memory.

Se souvenir

De la réduction urgente des tensions internes,
Des principes de déplaisir-plaisir,
Des augmentations de tension,
Des compulsions défensives,
Des automatismes inconscients,
Des identités de perceptions,
Des identités de pensées,
Des répétitions et des identifications aliénantes,
Des expériences pénibles,
Des assimilations progressives des tensions,
Des conditions internes créatrices,
Des détachements de la libido,
Des familiarisations avec la situation anxiogène,
Des oppositions entre la conscience et le moi,
De la remémorisation pensée et parlée,
Du détachement de l'objet imaginaire,
De l'attente anxieuse de la situation traumatique,
De la substitution de l'expérience à l'obéissance,
De la résolution du souvenir défensif.

On an Artificial Physics

On an artificialist physics referring to the space of the world.
On a decimal that is of the order of three-quarters of the wavelength of a vibration of light.
On an attempt to prove the immobility of space in its cosmic significance.
On a discursive process for founding new intuitions.
First: the intuition of an observer does not qualify as absolute.
Secondly: the extension of an objective world does not qualify as absolute.
Finally:
On the blinding clarity of common intuitions.

D'une physique artificielle

D'une physique artificialiste se référant à l'espace du monde.
D'une décimale qui est de l'ordre des trois quarts de la longueur d'onde d'une vibration lumineuse.
D'une tentative pour éprouver l'immobilité de l'espace dans sa signification cosmique.
D'un processus discursif pour fonder de nouvelles intuitions.
Premièrement : l'intuition d'un observateur n'a pas vertu d'absolu.
Deuxièmement : l'extension d'un monde objectif n'a pas vertu d'absolu.
Enfin :
De la clarté aveuglante des intuitions communes.

Philosophy Purporting to

Philosophy purporting to be reflexive.
Practice of a reflexive analysis.
Neopositivist logic.
And the meaning of "good", "bad", "must", "to be worth", etc.?
Irrelevant debate that ordinary language possesses.
Inconsistency peculiar to language.
As to the grammatical similarity of two expressions to their semantic similarity.
Kinship with subject-predicate clauses like "this is blue".
Criticism that is incompatible with the descriptive attitude of linguists.
Illogicality of an arrangement covering different semantic organizations.
To provide indications, hypotheses concerning the deep structures of language.
Analogy as mathematical proportion.
The norm as a collection of distinctive traits.
The system (or diagram) as purely formal reality.
Usage as a semantico-phonetic phenomenon.
Normative aspect as a collection of imposed constraints.

Philosophie se voulant

Philosophie se voulant réflexive.
Pratique d'une analyse réflexive.
Logique néo-positiviste.
Et le sens de « bon », « mauvais », « devoir », « valoir », etc. ?
Débat sans objet que possède le langage ordinaire.
Inconsistance propre au langage.
À propos de la ressemblance grammaticale de deux expressions à leur ressemblance sémantique.
Apparanté à des propositions sujet-prédicat comme « ceci est bleu ».
Critique incompatible avec l'attitude descriptive des linguistes.
L'illogisme d'un agencement recouvrant des organisations sémantiques différentes.
Pour fournir des indices, des hypothèses concernant les structures profondes du langage.
L'analogie comme proportion mathématique.
La norme comme ensemble de traits distinctifs.
Le système (ou schéma) comme réalité purement formelle.
L'usage comme phénomènes sémantico-phonétiques.
L'aspect normatif comme ensemble des contraintes imposées.

Ideal Ego

As an intrapsychic formation?
As a formation genetically prior to the superego?
As an unconscious narcissistic formation?
As a primary identification with another being (the mother)?
As a heroic identification?
As a formation that is irreducible to the ideal of the ego?
As an ideal instance of personality?

Moi idéal

Comme formation intrapsychique ?
Comme formation génétiquement antérieure au sur-moi ?
Comme formation narcissique inconsciente ?
Comme identification primaire à un autre être (la mère) ?
Comme identification héroïque ?
Comme une formation irréductible à l'idéal du moi ?
Comme instance idéale de la personnalité?

Precisely Define

Lucernal
Dichroism
Celandine
Glyptic
Exostosis
Discretive
Butyrin
Shea
Cenozoic
Chirography
Hexagram
Polychrest
Oculation
Gorget
Strake
Laccate
Dictamnus
Gonad
Induline
Junipene
Quadraturista
Juxtalinear
Loxodromy

Définir précisément

Lucernaire
Dichroïsme
Chélidoine
Glyptique
Exostose
Discrétoire
Butyrine
Karité
Kenozoïque
Ichrographe
Hexagramme
Polycreste
Oculation
Gorgerin
Hiloire
Laccifère
Dictame
Gonade
Induline
Junipène
Quadratoriste
Juxtalinéaire
Loxodromie

To Go From

Diablotin
to
Diacaustic
to
Diachylon
to
Diaclasis
to
Diacritic
to
Diadelph
to
Diagnosis
to
Diagram
to
Diagraph
to
Dialytic
to
Dialyzer
to
Diamagnetic
to
Diaphanographic
to
Diaphanorama
to
Diaphonoscopic
to
Diaphoresis
to
Diarrhodon
to
Diarthrosis
to
Diastase
to
Diathermanous
to
Diatom
to
Diatonic

Passer du

Diablotin
au
Diacaustique
au
Diachylon
à la
Diaclase
au
Djecritique
au
Diadelphe
à la
Diagnose
au
Diagramme
au
Diagraphe
au
Dialyseur
à
Dialitique
à
Diamagnétique
à la
Diaphanographie
au
Diaphanorama
à la
Diaphanoscopie
à la
Diaphorèse
au
Diarrhodon
à la
Diarthrose
à la
Dialtase
à
Diathermane
à la
Diatomée
au
Diatonique

The Question

The diminution of external expressions.
Shaming and growing anxiety.
Repression that pours down like a punishment.
The law of value, give and take.
The terrifying or cruel incarnations of a transcendent power.
Externalization of repression.
The advance of cynicism.
The question of origin or finality.
The question of possibility, inhumanity.
The question of that "secondary order" that contains nothingness, that separates.
The question of that order which orders and subordinates, which terrorizes.
The question of that order which causalizes, which is the law.

La Question

La résorption des expressions externes.
La culpabilisation et l'angoisse croissante.
La répression qui s'abat comme un châtiment.
La loi de la valeur, donnant-donnant.
Les incarnations terrifiantes ou cruelles d'un pouvoir transcendant.
L'extériorisation de la répression.
La progression du cynisme.
La question de l'origine ou de la finalité.
La question de possibilité, d'inhumanité.
La question de cet « ordre secondaire » qui contient le rien, qui sépare.
La question de cet ordre qui ordonne et subordonne, qui terrorise.
La question de cet ordre qui causalise, qui est la loi.

Mechanisms

Mechanism of identification
Mechanism of defense
Mechanism of confrontation
Mechanism of imitation
Mechanism of adoption
Mechanism of designation
Mechanism of return
Mechanism of behavior
Mechanism of submission
Mechanism of change
Mechanism of introspection
Mechanism of aggression
Mechanism of reversal
Mechanism of constitution
Mechanism of passage
Mechanism of introjection
Mechanism of interiorization
Mechanism of conflict
Mechanism of acquisition
Mechanism of articulation
Mechanism of superimposition
Mechanism of investment
Mechanism of association
Mechanism of attributions (for example, to others, of certain traits of one's own)

Mécanismes

Mécanisme d'identification
Mécanisme de défense
Mécanisme de confrontation
Mécanisme d'imitation
Mécanisme d'adoption
Mécanisme de désignation
Mécanisme de retournement
Mécanisme de comportement
Mécanisme de soumission
Mécanisme de changement
Mécanisme d'introspection
Mécanisme d'agression
Mécanisme de renversement
Mécanisme de constitution
Mécanisme de passage
Mécanisme d'introjection
Mécanisme d'intériorisation
Mécanisme de conflit
Mécanisme d'acquisition
Mécanisme d'articulation
Mécanisme de superposition
Mécanisme d'investissement
Mécanisme d'association
Mécanisme d'attribution (par exemple, à autrui, de certains traits de soi-même).

In the How of

In the how of one's way of writing are solidified intro experiences...
In the how of the retrospective process, all that emerges from these categories...
In the how of the lived experience of certain realities are also organized...
In the how of these oversights, one will never know what became of meaning, without regard...
In the how of a disqualification consequent to an obtuse rigorism is combined the...
In the how of a reflection against the insistence of one's own intention and/or...
In the how of the editing are displayed the reductive dependencies with regard to our...
In the how of the breaches and intentions reached, acquired contents...
In the how of an impeccably represented idea of a sensuality that consis..
In the how of the introduction, sensuality also becomes intent...
In the how of these syntheses, the things that we are responsible for elaborating...
In the how of these reiterated reflections are annexed as well the reflexial elements to which...

Dans le comment de

Dans le comment de la manière d'écrire se sédimentent des expériences intros...
Dans le comment du processus rétrospectif, tout ce qui ressort de ces catégories...
Dans le comment du vécu de certaines réalités s'organisent également...
Dans le comment de ces oublis, l'on ne saura jamais plus ce qui advint du sens, sans égard...
Dans le comment d'une disqualification conséquente à un rigorisme obtus se conjugue la...
Dans le comment d'une réflexion contre l'insistance de sa propre intention, et / ou...
Dans le comment du montage s'affichent les dépendances réductrices à l'égard de notre...
Dans le comment des ruptures et des intentions atteintes, des contenus acquis...
Dans le comment d'une idée impeccablement représentée, d'une sensualité qui consti...
Dans le comment de l'introduction, la sensualité devient également intent...
Dans le comment de ces synthèses, les choses qu'il nous incombe d'élaborer se...
Dans le comment de ces réflexions réitérées s'annexent aussi des éléments réflexiels auxquels...

And With Z

Zein
Zealot
Zealotism
Zeorize
Zibeth
Zimmer
Zincides
Zirconium
Zoanthropic
Zoological
Zoïsme
Zonite
Zoopsia
Zorilla
Zoster
Zygaena
Zygoma
Zymase
Zythum

Et avec Z

La zéine
Le zéleur
Le zélotisme
La zéolite
Le zérotage
Le zibeth
Le zimmer
Les zincides
Les zirconides
Le zoanthrope
La zoéthique
Le zoïsme
La zonite
La zoopsie
La zorille
La zostère
La zygène
Le zigoma
La zimase
Le zython

Instant Poem

... in a necessarily transitory conceptual state.

Poème instantané

... dans un état conceptuel nécessairement transitoire.

Landscape

M87 is a giant elliptical galaxy in the Virgo cluster, about 50 million light years away from the Earth.
Billion of years ago the nucleus of M87 may well have been a quasar...

Paysage

M87 est une galaxie elliptique géante dans l'amas de la Vierge, à environ cinquante millions d'années-lumière de la Terre. Il y a des milliards d'années, le noyau de M87 était peut-être un quasar...

As Regards Plain

Uncluttered
Ordinary
Austere
Elementary
Simple
Balanced
Brief
Minimal
Measured

À propos de sobre

Dépouillé
Ordinaire
Austère
Élémentaire
Simple
Pondéré
Sommaire
Minimal
Mesuré

Nothing

Peanuts
A hill of beans
A straw
A feather
A red cent
A hoot
Not a chance
Nada
Zilch

absolutely Nothing

Diddly squat
Zip
Zippo
Sod all
Dick
Nix
Eighty-six
Bupkis

Rien

Des clopinettes
Des clous
Des dattes
Des nèfles
Balle-peau
Ceinture
Bernique
Du beurre
De la briquette

de Rien

Oualou
Peau de zebi
Peau de zob
Que dalle
Pollop
Nibergue
Pouic
Nada

Untitled

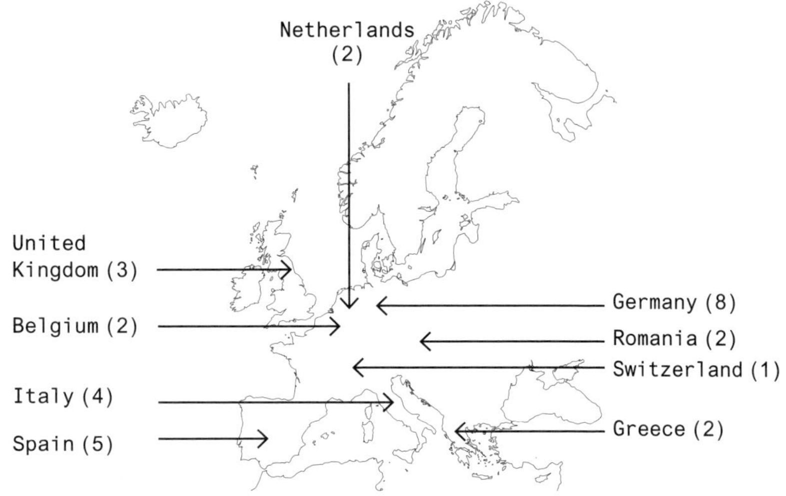

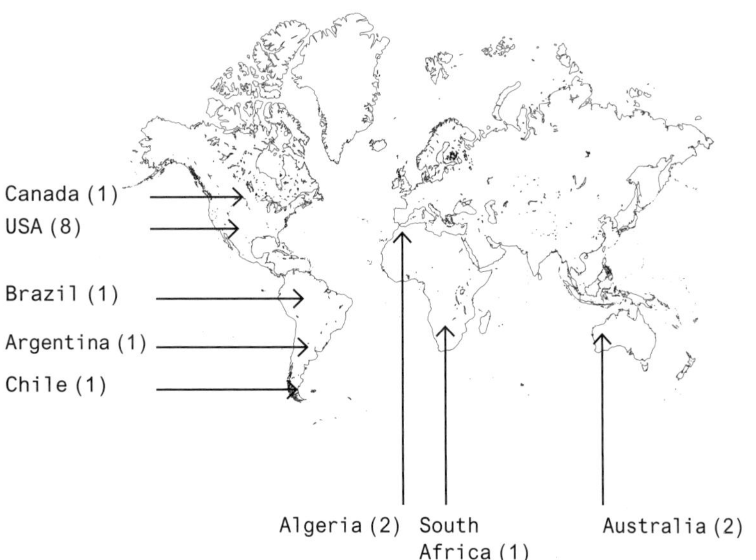

Note:
The figures in brackets indicate the number of centers with which the INLN has undertaken research (contracts, exchanges of researchers and joint publications).

Sans titre

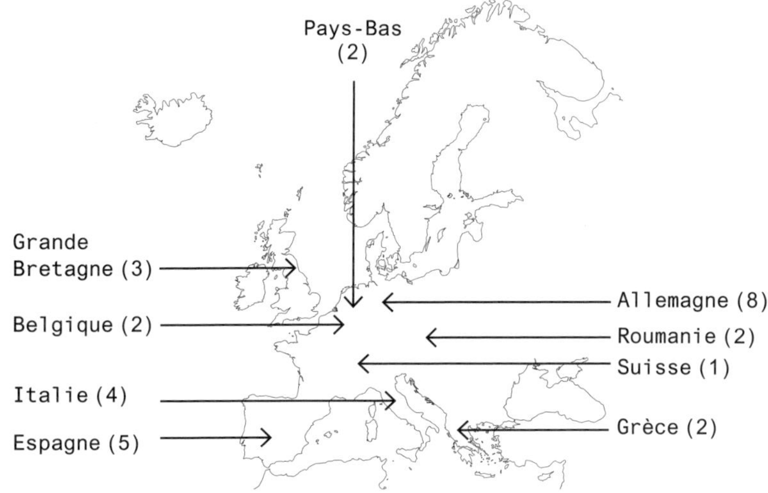

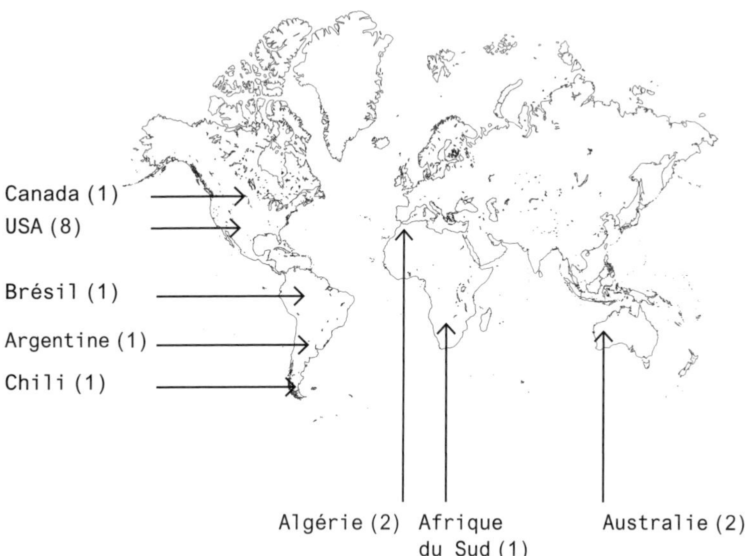

Nota :
Les chiffres entre parenthèses indiquent le nombre de centres avec lesquels l'INLN a engagé des recherches (contrats, échanges de chercheurs et publications communes).

Order / Disorder

Uncrowning of order.
Promotion of disorder.
It ought to be: dehierarchization rather.
Before the catastrophe: the inexpressible state.
Sole reality: the conjunction of order and disorder.
Scattering, foam, drool, dust of a world in the making.
Framework of inequalities in materialization, diversification, dislocation, organization.
A series of energetic, interactional, transformative, dispersive processes.
Chaos, polymorphism, multidimensionality of disorder(s).
And eternal explosive diaspora.

Ordre / Désordre

Découronnement de l'ordre.
Promotion du désordre.
Il faut : déhiérarchiser plutôt.
Avant la catastrophe : l'état indicible.
Seul réel : la conjonction de l'ordre et du désordre.
Dispersion, écume, bave, poussière d'un monde en gestation.
Charpente des inégalités dans la matérialisation, la diversification, les dislocations, l'organisation.
Une suite de processus énergétiques, interactionnels, transformateurs, dispersifs.
Chaos, polymorphisme, multidimensionnalité du / des désordre(s).
Et diaspora explosive éternelle.

Nuclear Reactions During Stellar Collisions

Abstract. The collision is assumed to have a zero impact parameter, which by symmetry is equivalent to the collision of a star with an immovable mirror acress which no mass or radiative flux can flow.

The temperature along the axis of the collision reaches 1.0×10^8k for about 10 sec and then cools quickly.

The mass of IM⊙ was assumed for convenience, since the spherical equilibrium structure is tabulated in Schwarzschild (1958). Such a mass is somewhat greater that the average mass of stars participating in collisions; according to the luminosity function assumed by Van den Bergh (1965) for M32, the most probable colliding mass for dwarf stars is about 0.3 M⊙, but the probability of collisions between dwarfs changes only by a factor of 4 throughout the range 0.8-0.1 M⊙.

With this notation, the momentum balance equation for a mass in a 1-cm² column of material along the axis becomes

$$\text{ai, t} = \text{ai, t-1} -- (\text{mi} + \tfrac{1}{2} + \text{mi} - \tfrac{1}{2})^{-1}$$

$$(\text{Pi} + \tfrac{1}{2}, \text{t} - \tfrac{1}{2} - \text{pi} - \tfrac{1}{2}, \text{t} - \tfrac{1}{2}) - \text{g}^{\text{xi}},$$

where

$$\text{c'v} = \text{k}\,(\mu\text{H})^{-1} + (4\text{aT3/p})\text{I} + \tfrac{1}{2}, \text{t}-\tfrac{1}{2}.$$

The process was repeated until the trial and calculated values agreed within a fraction 10^{-4} or better for all i. This process usually took only two iterations.

Other reactions were: (II) $C^{13}(p,\gamma)\ N^{14}$; (III) $N^{14}(p,\gamma)\ O^{15}(e+v)\ N^{15}$, where the 85-sec β-decay taking 66 sec was again instantaneous; (VI) $O^{17}(p,a)\ N^{14}$; (VII) $C^{12}(a,\gamma)\ O^{16}$; and (VIII).

The velocity dispersion, and the average velocity between colliding stars would be 2 ½ times this, or 239 km/sec; therefore the two cases computed bracket the expected relative velocities in M32.

The r-component of the momentum balance equation (1) becomes, using ξ + r/R.

$$\text{dvr/dt} = \xi \text{d}^2\text{R/dt}^2 = (\text{pR})^{-1}\, {}^{\delta}\text{P}/\delta\xi + \text{gr}$$

Les Réactions nucléaires lors des collisions d'étoiles

Résumé. La collision est présumée avoir un paramètre d'impact de zéro, soit l'équivalent, par symétrie, de la collision d'une étoile et d'un miroir immobile qu'aucune masse ou flux radiatif ne peut traverser.
La température sur l'axe de la collision atteint 1.0×10^8k pendant environ 10 sec puis baisse rapidement.
La masse de IM⊙ est postulée par commodité, puisque la structure d'équilibre sphérique est tabulée dans Schwarzschild (1958).
Cette masse est un peu plus grande que la masse moyenne des étoiles impliquées dans des collisions. D'après la fonction de luminosité supposée par Van der Bergh (1965) pour M32, la masse de collision la plus probable pour les étoiles naines est d'environ 0,3 M⊙, mais la probabilité de collision de naines ne varie que d'un facteur 4 dans la fourchette 0,8-0,1 M⊙.
Avec cette notation, l'équation d'équilibre des moments pour une masse dans une colonne de matière de 1 cm^2 dans l'axe devient :

$$ai, t = ai, t\text{-}1 \text{ -- } (mi + \tfrac{1}{2} + mi - \tfrac{1}{2})^{-1}$$
$$(Pi + \tfrac{1}{2}, t - \tfrac{1}{2} - pi - \tfrac{1}{2}, t - \tfrac{1}{2}) - g^{xi},$$

où

$$c'v = k\,(\mu H)^{-1} + (4aT3/p)I + \tfrac{1}{2}, t\text{-}\tfrac{1}{2}.$$

Nous avons répété l'opération jusqu'à ce que l'expérience et les valeurs calculées concordent à 10^{-4} près ou moins pour tout i. En général, elle n'avait besoin d'être répétée que deux fois.
D'autres réactions ont pu être notées : (II) $C^{13}(p,\gamma)\ N^{14}$; (III) $N^{14}(p,\gamma)\ O^{15}(e+v)\ N^{15}$, où la désintégration bêta de 85 sec réduite à 66 sec était encore présumée instantanée ; (VI) $O^{17}(p,a)\ N^{14}$; (VII) $C^{12}(a,\gamma)\ O^{16}$; et (VIII).
La dispersion des vitesses et la vitesse moyenne entre des étoiles en collision seraient 2,5 fois supérieures, soit 239km/s ; par conséquent les deux exemples calculés délimitent l'éventail des vitesses relatives normales dans M32.
La composante (r) de l'équation (1) d'équilibre des moments devient, en utilisant $\xi + r/R$.

$$dvr/dt = \xi d^2R/dt^2 = (pR)^{-1}\, {}^{\delta}P/\delta\xi + gr$$

About Elementary Connections

We must also face up to an accusation of personal contradictions...
Because isn't there, at the root of the origin, a differential equation?
A question then:
Doesn't one therefore posit the existence of a derivative at all points of the integral curve?
Another question:
How then can a continuous curve (without derivative) arise as the solution of an equation that enters into the elementary intuition of the derivative?
Can this second objection be turned back against the supporters of natural intuitions?
Is it always the initial intuition that is wrong when there is a contradiction between the initial intuition and the subtle intuition?
Isn't the methodological contradiction the baseless result of the research postulates?
Is the composition of the elements always more flexible than what our unrefined intuition wants?
Will one be able to combine then fragments of trajectories without folds and coils of folded trajectories?
Irreversibility then? What if one comes to a second-order approximation study?

À propos de connexions élémentaires

Nous devons aussi faire face à une accusation de contradictions intimes...
Car à la base de la genèse n'y a t'il pas une équation différentielle?
Alors question :
Ne pose-t-on pas, de ce fait, l'existence d'une dérivée en tous les points de la courbe intégrale ?
Question encore :
Comment alors une courbe continue (sans dérivée) peut-elle s'offrir comme la solution d'une équation qui s'engage dans l'intuition élémentaire de la dérivée ?
Cette seconde objection, peut-elle être retournée contre les partisans des intuitions naturelles ?
Est-ce toujours l'intuition première qui a tort lorqu'il y a contradiction entre l'intuition première et l'intuition fine ?
La contradiction méthodologique n'est-elle que le résultat injustifié des postulats de la recherche?
La composition des éléments est-elle toujours plus souple que ne le veut notre intuition grossière ?
Pourra-t-on alors combiner des fragments de trajectoires sans repli avec des pelotes de trajectoires repliées ?
Alors, l'irréversibilité ? Si l'on en vient à une étude de deuxième approximation ?

This Is Why

This is why a positive feedback inverts the process, that is, unloops the loop and bursts out into turbulence.
This is why a positive feedback is, at the same time, a regression to genesic possibilities.
This is why the great metamorphoses are always linked to breakdowns.
This is why form is organized in imbalance and instability.
This is why it creates tendencies from abnormalities, in a word, diversity and potential complexity.
This is why a process of abnormality / tendency / creation of novelty / diversity, that is, schismo / morphogenesis, is created.
This is why we will have:

- a new homeostasis
- a new regulation
- a new organizational order.

C’est pourquoi

C’est pourquoi une rétroaction positive inverse le processus, c’est à dire déboucle la boucle et déboule en turbulences.
C’est pourquoi une rétroaction positive est en même temps une régression vers des potentialités génésiques.
C’est pourquoi les grandes métamorphoses sont toujours liées à des déstructurations.
C’est pourquoi la forme s’organise dans le déséquilibre et l’instabilité.
C’est pourquoi elle crée des tendances à partir des déviances, en un mot : de la diversité et de la complexité potentielle.
C’est pourquoi il se crée un processus de déviance / tendance / création de nouveauté / diversité, c’est à dire de schismo / morphogénèse.
C’est pourquoi nous aurons :

- une nouvelle homéostasie
- une nouvelle régulation
- un nouvel ordre organisationnel.

About Propositional Functions

In order to construct a logic for polyadic proposi.
Tional functions, that is, intuitively, functions.
Of several variables with propositions as values.
We must introduce some new primitives. We.
Proceed with the following intuitive idea in mind.
The diadic function that x is bigger than y.
May be thought of as a function of the one.
Individual variable x whose valus, correspon.
Ding to an argument α, is a monadic func.
Tion of y. Thus “2 is bigger than y” and “.
Spain is bigger than y “express monadic propo.
Sitional functions and are regarded as the.
Values of the previous function for the argu.
Ments 2 and spain, respectively.
If A^2 is a diactic propositional function and α is.
An individual, then $A^2\ \alpha$ is to be the monadic prop.
Ositional function obtained as a value when the.
First argument of A^2 is α. Thus $A^2\ \alpha$ will be a mem.
Ber of 1 and $A^2\ \alpha\beta$ will be a proposition, i.e.a.
Member of β. We might have written instead $(A^2\ \alpha)\beta$.
But the use of simple juxtaposition to denote the ap.
Plication of a function to an individual will not lead.
To any ambiguity. We shall also need an extension.
Of the universal quantifier. To this end we regard.

À propos des fonctions propositionnelles

Afin de construire une logique des fonctions proposi.
Tionnelles polyadiques, c'est-à-dire, intuitivement.
Des fonctions à plusieurs variable dont les valeurs.
Sont des propositions, nous devons introduire.
Quelques primitives nouvelles. Nous procédons en.
Gardant à l'esprit. Cette idée intuitive : la fonction.
Dyadique « *x* est plus grand que *y* » peut se conce.
Voir comme une fonction de l'unique variable.
Individuelle x dont la valeur, correspondant à unargu.
Ment α, est une fonction monadique de *y* ainsi, « 2.
Est plus grand que *y* » et « l'Espagne est plus grande.
Que *y* » expriment des fonctions propositionnel.
Les monadiques, considérées comme les valeurs.
De la fonction précédente pour les arguments « 2.
» et « l'Espagne », respectivement. Si A^2 est une.
Fonction propositionnelle dyadique et α est un.
Individu, $A^2\alpha$ doit être la fonction propositionnelle.
Monadique obtenue comme valeur quand le pre.
Mier argument de A^2 est α. $A^2\alpha$ sera donc un mem.
Bre de 1 et $A^2\alpha\beta$ sera une proposition, autrement dit.
Un membre de β. Nous aurions pu écrire égale.
Ment $(A^2\alpha)\beta$, mais l'utilisation d'une simple.
Juxtaposition pour désigner l'application d'un.
E fonction à un individu n'entraîne aucune ambi.
Guïté. Nous aurons aussi besoin d'une extension.
Du quantificateur universel. À cette fin nous.
Considérons.

Truth Values

Laws underlying the logic of classes
form "$\alpha = \beta$", where α and β are classes
independency in the inner structure
"p^9" denoting proposition
"Truth" or "falsity"
equivalent propositions
statement "pEq" as a sentence in a syntax language
if p^(~q)Er^(~r), then p^qEp
Laws of Boolean Algebra
non-empty class
Operations and relations
Defining between members
Alternative formulations and primitive frames
Undefined terms and binary operations
Unary operations
Uniquely determined elements
The ordered quadruple (C, ~) satisfying some postulates
The intuitive properties of an implication relation.
Material implication symbolized "p ⊃ q".
p ⊃ q being false if and only if q is false.

Valeurs de vérité

Les lois sous-jacentes à la logique des classes forment
l'équation «$\alpha = \beta$», où α et β sont des classes
indépendance dans la structure interne
«p^9» désignant la proposition
«vérité» ou «fausseté»
propositions équivalentes
énoncé «pEq» comme une phrase dans une langue à syntaxe
si p^(~q)Er^(~r), alors p^qEp
lois de l'algèbre de Boole
classe non vide
Opérations et relations
Déterminer entre les membres
Autres formules et cadres primitifs
Termes indéterminés et opérations binaires
Opérations unaires
Éléments à déterminant unique
Le quadruplé ordonné (C, ~) satisfaisant à certains postulats
Les propriétés intuitives d'une relation d'implication.
L'implication matérielle symbolisée par «p ⊃ q».
p ⊃ q faux si et seulement si p est vrai et q est faux.

Weather Report (1)

New York City. Partly sunny and windy today, high in the mid 60's, winds from the North-West 15 to 20 miles an hour and slowly diminishes; clear and cool tonight, low in the low 40's. Mostly sunny and seasonable tomorrow. Precipitation probably 10 per cent today and near zero tonight and tomorrow.

New Jersey, Connecticut and Rockland and Westchester Counties. Partly sunny and windy today, high in the low 60's; clear and cool tonight, low in the low 47's. Sunny and seasonable tomorrow.

Long Island and Long Island Sound. Partly sunny and windy today, high in the mid 60's, winds from the Northwest 15 to 20 miles an hour today and slowly diminishing tonight; clear and cool tonight, low in the low 40's. Sunny and seasonable tomorrow. Visibility on the Sound over five miles.

Massachussetts and Rhode Island. Partly cloudy today, high in the 50's; clear and colder tonight, low in the low 40's. Fair and seasonable tomorrow.

Bulletin météorologique (1)

New York. Partiellement ensoleillé et venteux dans la journée, maximales autour de 18°C, vent de nord-ouest 25 à 30 km/h, fléchissant en soirée ; frais et dégagé dans la nuit, minimales autour de 5°C. Demain soleil dominant et températures de saison. Risque de précipitations de 10% dans la journée, proche de zéro cette nuit et demain.

New Jersey, Connecticut, comtés de Rockland et Westchester. Partiellement ensoleillé et venteux dans la journée, maximales autour de 16°C ; frais et dégagé dans la nuit, minimales autour de 8°C. Ensoleillé et températures de saison demain.

Long Island et baie de Long Island. Partiellement ensoleillé et venteux dans la journée, maximales autour de 18°C, vent de nord-ouest 25 à 30 km/h, fléchissant en soirée ; frais et dégagé dans la nuit, minimales autour de 5°C. Ensoleillé et températures de saison demain. Visibilité supérieure à 8 km dans la baie.

Massachusetts et Rhode Island. Partiellement nuageux dans la journée, maximales autour de 10°C ; plus frais et dégagé dans la nuit, minimales autour de 5°C. Demain, temps agréable et températures de saison.

Weather Report (2)

Bulletin météorologique (2)

Cities	Yesterday		Norm
Acapulco	93/75	1.10	88/73
Amsterdam	58/50	.23	57/48
Athens	73/63	.02	75/59
Auckland	64/46	0	63/52
Bangkok	94/82	trc	90/77
Beijing	59/46	0	64/43
Berlin	55/45	0	54/41
Bermuda	76/72	.08	79/72
Brussels	59/52	.07	57/45
Budapest	60/50	.09	59/45
Buenos Aires	63/57	0	70/50
Cairo	89/64	0	86/64
Caracas	88/77	0	88/77
Casablanca	72/61	0	75/57
Copenhagen	54/46	0	52/43
Dakar	87/77	0	90/75
Damascus	82/43	0	79/54
Dublin	56/46	.04	57/45
Edinburgh	59/45	.13	54/45
Edmonton	32/28	trc	50/25
Frankfurt	58/41	.08	55/45
Geneva	59/48	.04	55/45
Guadalajara	77/55	0	79/55
Havana	82/75	.	88/72
Helsinki	48/45	28	45/37
Hong Kong	83/73	0	81/73
Istanbul	70/59	01	68/55
Jakarta	.	0	88/73
Jerusalem	84/62	.	79/59
Johannesburg	.	0	77/54
Kiev	69/52	0	52/41
Kingston	84/77	.59	88/75
Lima	66/61	trc	64/57
Lisbon	76/64	trc	72/57
London	62/45	.20	57/45
Madrid	75/55	0	66/48
Manila	91/78	.	88/73
Martinique	90/75	0	88/73
Merida	89/66	0	88/72
Mexico City	71/50	0	70/50
Montego Bay	90/77	.30	88/75
Monterrey	73/61	0	81/64
Montreal	59/41	0	54/37
Moscow	42/37	.02	45/36

Nairobi........................ .	0	75/55
Nassau..........................80/73	2.36	84/73
New Delhi...................93/66	0	91/63
Nice.............................67/52	0	70/54
Oslo.............................47/39	trc	45/36
Panama City.................84/75	.28	88/73
Paris............................62/52	trc	59/46
Prague..........................51/37	trc	54/41
Quebec City..................52/39	0	50/34
Rio de Janeiro..............93/68	0	77/66
Riyadh..........................85/64	0	93/61
Rome...........................68/45	.04	70/55
Seoul............................67/48	0	64/43
Shanghai......................73/63	0	72/55
Singapore.....................91/79	0	88/73
Stockholm....................51/39	.08	46/39
Sydney.........................84/63	trc	72/55
Taipei...........................75/59	.02	81/66
Tokyo...........................73/69	0	70/54
Toronto........................46/43	1.06	57/39
Tunis............................78/61	0	77/59
Vancouver....................52/41	.15	57/43
Vienna.........................57/46	trc	57/43
Warsaw........................51/48	trc	54/41
Winnipeg....................52/30	0	50/28

Compiled by WSI from National Weather Service observations forecasts and reports.

Classes About

Algebra
Aristotelian Logic
Binormal
Canonical
Cardinal number
Complement
Equality
"Exclusive" either-or
Greatest lower bound
Inclusion
Intension and Extension
Join
Least upper bound
Null
Similarity
Solvable
Union
Unit
Universal

Des cours sur

L'algèbre
La logique aristotélicienne
Le binormal
Le canonique
Le nombre cardinal
Le complément
L'égalité
Le «ou» exclusif
La borne inférieure
L'inclusion
L'intension et l'extension
Le joint
La borne supérieure
Le nul
La similitude
Le soluble
L'union
L'unité
L'universel

About Intellectual Transformation and Distributionalism

Distributional – point – of – view – denouncing – de – nounced – de – fended – de – mented
De – prived – before – the occurrential identification – of – a – unit
Identifying – distributional – types:

1 – the variants
2 – the diversities

Non suppressing – non transforming – yet reinforcing.
Human events and their etic description.
Human events and their emic description.
"Etic": which consists in forgoing any hypothesis on the function of the recounted events, in characterizing them solely with spatiotemporal criteria.
"Emic": which consists in interpreting events according to their particular function in the particular cultural world which they are a part of.
(The adjectives "etic" and "emic" were coined from the suffixes of the adjectives "phonetic" and "phonemic".)

À propos de cette mutation intellectuelle et distributionnalisme

Point – de – vue – distributionnel – dénonçant – dé – noncé – dé – fendu – dé – calé

Démuni – devant – l'identification – occurentielle – d'une – unité

Types – distributionnels – identifiant :

1 – les variantes

2 – les diversités

Non supprimantes – non transformantes - mais renforçantes.

L'événement humain et sa description étique.

L'événement humain et sa description émique.

« Étique » : qui consiste à s'interdire toute hypothèse sur la fonction des événements relatés, à les caractériser seulement à l'aide de critères spaciaux-temporels.

« Émique » : consiste à interpréter les événements d'après leur fonction particulière dans le monde culturel particulier dont ils font partie.

(Les adjectifs « étique » et « émique » ont été créés sur les suffixes des adjectifs « phonétique » et « phonémique »).

Dialectics of Relativity

Of the opposition between universal doubt, intuitive doubt, Cartesian doubt and precise doubt, discursive doubt, instrumentalized doubt.
Of an obvious doubt and its consequences on dogmatism, on dogmatic sleep.
Of an indispensable dialogue between a philosophy of reality and a philosophy of reason.
Of a submission to experience, to reality, to which?
Of the minute decimal and its verification, solid, usual, common, rough.
Of trembling concepts and their Nietzscheen transmutation of private values.
Of an intuition, simplistic and of doubtful worth, which refers to an inverse clarification.
Of a look with regard to an explanation that is more critical, synthesizing and relational.
Of a declaration about absolute space and the materialization of immobility.
Of conditioning relationships and positions devoid of proof.
Of the formulation of the essential relativity of the intuition of localization and the experience of localization.
Of the ruin of two absolutes.
Of an artificialist physics referring to the space of the world.
Of a decimal that is approximately three quarters of the wave length of a light vibration.
Of an attempt to test the immobility of space in its cosmic meaning.
Of a discursive process for founding new intuitions.
First: the intuition of an observer is not characteristically absolute.
Second: the extension of an objective world is not characteristically absolute.
Finally: of the blinding clarity of common intuitions.

Dialectique de la relativité

De l'opposition entre le doute universel, le doute intuitif, le doute cartésien, et le doute précis, le doute discursif, le doute instrumenté.
D'un doute explicite et de ses conséquences sur le dogmatisme, sur le sommeil dogmatique.
D'un dialogue indispensable entre une philosophie du réel et une philosophie de la raison.
D'une soumission à l'expérience, à la réalité, à laquelle ?
De l'infime décimale et de sa vérification solide, usuelle, commune, grossière.
De concepts tremblants et de leur nietzschéenne transmutation des valeurs intimes.
D'une intuition simpliste et de mauvais aloi qui se réfère à une précision inverse.
D'un regard à l'égard d'une explication plus critique, synthétique et relationniste.
D'une déclaration sur l'espace absolu et de la matérialisation de l'immobilité.
De relations conditionnantes et de positions sans preuves.
De la formulation de la relativité essentielle de l'intuition de localisation, et de l'expérience de localisation.
De la ruine de deux absolus.
D'une physique artificialiste se référant à l'espace du monde.
D'une décimale qui est de l'ordre des trois quarts de la longueur d'onde d'une vibration lumineuse.
D'une tentative pour éprouver l'immobilité de l'espace dans sa signification cosmique.
D'un processus discursif pour fonder de nouvelles intuitions.
Premièrement : l'intuition d'un observateur n'a pas vertu d'absolu.
Deuxièmement : l'extension d'un monde objectif n'a pas vertu d'absolu.
Enfin : de la clarté aveuglante des intuitions communes.

Terms / Index

Termes / Index

Synonyms (1)

Imagination
Fantasy
Improvisation
Conception
Extrapolation
Notion
Supposition
Evasion
Idea
Inspiration
Inventiveness

Ignorance – Incapacity – Brutalization – Foolishness – Hopelessness – Misunderstanding – Ingenuousness – Ineffectualness – Clumsiness – Inexperience – Shortcoming – Inadequacy – Simplicity – Uncultured – Incompetence –

Academic
Conformist
Conventional
Unoriginal
Old fashioned
Boring
Annoying
Affected

Synonymes (1)

Imagination
Fantaisie
Improvisation
Conception
Extrapolation
Notion
Supposition
Évasion
Idée
Inspiration
Inventivité

Ignorance – Incapacité – Abrutissement – Sottise – Nullité – Méconnaissance – Ingénuité – Impuissance – Balourdise – Inexpérience – Lacune – Insuffisance – Simplicité – Inculture – Incompétence –

Académique
Conformiste
Conventionnel
Sans originalité
Vieux jeu
Ennuyeux
Emmerdant
Compassé

Synonyms (2)

Discover – Imagine – Seek – Think hard – Invent – Dream – Suppose – Forge – Extrapolate – Create – Conceive – Improvise – Find – Envisage – Construct – Evoke – Seek – Combine – Conjecture – Produce – Picture – Form – Conjure up –

Synonymes (2)

Découvrir – Imaginer – Chercher – Gamberger – Inventer – Songer – Supposer – Forger – Extrapoler – Créer – Concevoir –

Improviser – Trouver – Envisager – Construire – Évoquer – Chercher – Combiner – Conjecturer – Fabriquer – Se figurer – Former – Se représenter –

Homages

Hommages

Homage to Disjunctive Concepts

Disorder / Order
One / Multiple
One / Diverse
One / Complex
Singular / General
Individual / Generic
Autonomy / Dependence
Isolation / Relations
Event / Element
Organization / Disorganization
Constancy / Change
Balance / Imbalance
Cause / Effect
Causality / Finality
Opening / Closing
Information / Redundancy
Normal / Deviant
Central / Marginal
Improbable / Probable

Hommage aux concepts disjonctifs

Désordre / Ordre
Un / Multiple
Un / Divers
Un / Complexe
Singulier / Général
Individuel / Générique
Autonomie / Dépendance
Isolement / Relations
Événement / Élément
Organisation / Désorganisation
Constance / Changement
Équilibre / Déséquilibre
Cause / Effet
Causalité / Finalité
Ouverture / Fermeture
Information / Redondance
Normal / Déviant
Central / Marginal
Improbable / Probable

Two-stage Answers

Attacking overly realist affirmations
Defending the right to metaphor
Complicating metaphorical meaning
Attributing a (unreal) meaning
Filling in the chasm separating dual notions
Coming to the end of our digression
Glimpsing the great importance of theory
Noticing that intuitions are debatable
Seeing the movement in real space
Distinguishing sudden variations
Translating independent variables
Reflecting the two representational spaces
Conjuring up the phenomena of different tensions
Redrawing configuration spaces
Knowing that "to think" is essential

Réponses en deux temps

En attaquant les affirmations trop réalistes
En défendant le droit à la métaphore
En corsant le sens métaphorique
En attribuant un sens (irréel)
En comblant l'abime qui sépare les notions duelles
En arrivant au terme de notre digression
En entrevoyant la grande importance de la théorie
En remarquant que les intuitions se discutent
En voyant le mouvement dans un espace réel
En distinguant les variations soudaines
En traduisant les variables indépendantes
En réfléchissant les deux espaces de représentation
En évoquant les phénomènes de tensions différentes
En retraçant des espaces de configuration
En sachant que «penser» est essentiel

Forerunners of a Thought (1) About

Correlative character of the substance-energy connection.
Characterization of a connection X.
Complementarity between matter and radiation.
Atomism of substance and atomism of photons.
Conjugation in an atomism of "grain reaction" reaction.
Continuity of my being and continuity of my future.
Doubly continuous base of a continuous space and a continuous time.
Substantial assessment and energy assessment.
Integration of movement.
Complexity concerning the relationship of substance and radiations.
Exemption to the principle of the simplicity and stability of elementary substances.
Different types of inverse existences:

- permanent existence;
- temporal existence.

Frequency, structure of time.
Substance as multiresonant system.
Cluster of rhythms absorbing ranges of radiation.
Plasticity of categories of understanding.

Prodromes d'une pensée (1)
À propos de

Caractère corrélatif de la relation substance-énergie.
Caractériser une relation X.
Complémentarité entre matière et radiation.
Atomisme de substance et atomisme de photon.
Conjugaison de mon être et continuité de mon devenir.
Base doublement continue d'un espace continu et d'un temps continu.
Bilan substantiel et bilan énergétique.
Intégration de mouvement.
Complexité en ce qui concerne le rapport de substance et les radiations.
Dérogation au principe de la simplicité et de la stabilité des substance élémentaires.
Différents types d'existence inverses
- existence permanente
- existence temporelle.

Fréquence, structure du temps.
Substance comme système multirésonant.
Amas de rythmes absorbant des gammes de rayonnement.
Plasticité des catégories de l'entendement.

Forerunners of a Thought (2) About

Proportion of shocks and coefficient of chance of shocks
such as S^2 O^6 250^3.
Geometrical, electrical, or statistical substructure with nomenal values that are always obvious.
The explanation of the phenomenal with nomenal laws that are not the laws of the phenomenal.
Coherent constructions, confined by numerous prohibitions.
Position, kinetics, physics of the electron giving rise to the most clear-cut dialectics.
Undulization and annihilation.
Indolences, blackouts, annihilations.
Outside the categories of conservation.
Georges Matisse who brought together the principle of the conservation of space with the principle of the conservation of matter.
Georges Matisse again, who proposes appending non-Lavoisienne, non-Lipmannian qualifiers.
Presences, coexistences, undefined contacts.
Activity of substances and a fortiori their activation.
Quantifications of mass states as ontological quantifications.
Corpuscle characterized by the collection of its spins, for example (-1, 0, +1) or (-1/2 and 1/2).
Capture of the pluralist character of the element, the character both nonrealist and non-Cartesian of the epistemology of the elements.
Elements not as condensed heterogeneity, but rather as dispersed homogeneity.
Elements as mathematical harmony, as rational harmony.
Opposition of the descriptive and the nominative.
A certain reality as object of demonstration.

Prodromes d'une pensée (2) À propos de

Proportion de chocs et coefficient de chance de chocs tels que S^2 O^6 250^3.
Substructure géométrique, électrique ou statistique, avec des valeurs noménales toujours évidentes.
L'explication du phénomène avec des lois noménales qui ne sont pas des lois du phénomène.
Constructions cohérentes, bornées par des interdictions nombreuses.
Localisation, cinétique, physique de l'électron donnant lieu aux dialectiques les plus tranchées.
Ondulisation et anéantissement.
Indolences, évanouissements, anéantissements.
Extérieur aux catégories de conservation.
Georges Matisse qui mit en rapport la principe de la conservation de l'espace avec le principe de la conservation de la matière.
Georges Matisse encore, qui nous propose d'attacher les qualificatifs de non-lavoisiennes, de non-lippmaniennes.
Présences, coexistences, contacts non définis.
Activité des substances et à fortiori de leur activation.
Quantifications des états massiques comme quantifications ontologiques.
Corpuscules caractérisé par la collection de ses spins, par exemple (-1, 0, +1) ou (-1/2 et 1/2).
Saisie du caractère pluraliste de l'élément, du caractère à la fois non-réaliste et non-cartésien de l'épistémologie des éléments.
L'élément non pas comme hétérogénéité condensée, mais plutôt comme homogénéité dispersée.
L'élément comme harmonie mathématique, comme harmonie rationnelle.
Opposition du descriptif et du nominatif.
Un réel comme objet de démonstration.

Forerunners Again

Substantialism as a formidable obstacle.
The immediate valorization of initial experiences.
Such a sharp objectivity from a bleared atmosphere.
The paradox that is invented, that is essential.
The circumvallation of a harassed besieger.
The subtle localization of a third approximation.
The words presence, coexistence, contact.
Their opaque definitions; their opacities.
The enigma of experiences of annihilation.
Categories and their reversals in realism.
Accumulations of heaps of references.
The audacity to speak, write.
Predicative clauses similar to naïve realism.
The fundamental, dialectical notion of substance.
The premonition of my indiscipline...

Prodromes encore

Le substantialisme comme obstacle redoutable.
La valorisation immédiate des expériences premières.
L'objectivité si nette d'une atmosphère estampée.
Le paradoxe qui s'invente, qui s'impose.
La circonvallation fine d'une troisième approximation.
Les mots, présence, coexistence, contact.
Leurs définitions opaques ; leurs opacités.
L'énigme des expériences d'anéantissement.
Les catégories et leurs renversements dans le réalisme.
Les accumulations de masses de référence.
La témérité à parler, à écrire.
Les phrases prédicatives semblables au réalisme naïf.
La notion fondamentale, dialectique de la substance.
Le pressentiment de mon indiscipline...

About

Severity
Asceticism
Harshness
Gravity
Dryness
Austerity
Inclemency
Jansenism
Puritanism
Implacability
Insensibility
Rigorism
Inflexibility
Hardness
Stiffness

À propos de

Sévérité
Ascetisme
Rudesse
Gravité
Sécheresse
Austérité
Inclémence
Jansénisme
Puritanisme
Implacabilité
Insensibilité
Rigorisme
Inflexibilité
Dureté
Raideur

About Discourse

Oration, harangue
Interview, talk
Speech, proclamation
Toast, plea
Homily, indictment
Conversation, chat
Exhortation, interlocution
Palaver, spreading it on thick
Words, preaching
Praise, preface
Chatter, oration
Lesson, paraphrase
Sermon, speech
Spiel, report
Compliment, harangue
Ministerial declaration

À propos de discours

Oraison, harangue
Entretien, conférence
Allocution, proclamation
Toast, plaidoirie
Homélie, réquisitoire
Conversation, causerie
Exhortation, interlocution
Palabre, tartine
Propos, prédication
Éloge, préface
Bavardage, oraison
Prêche, paraphrase
Sermon, speech
Laïus, exposé
Compliment, harangue
Déclaration ministérielle

About Intrigue

Scheming, stratagem
Intention, affaire
Ploy, tricks
Jiggery-pokery, strategy
Machinations, complication
Wrong-doing, plot
Expedient, manoeuver
Action, invention
Imbroglio, trouble
Web, synopsis
Scenario, storyboard
Anecdote, action
Theme, subject
Crux

À propos d'intrigue

Manigance, stratagème
Dessein, affaire
Manège, mic-mac
Tripotage, stratégie
Machination, complication
Agissement, complot
Expédiant, manœuvre
Action, fabulation
Imbroglio, histoire
Trame, synopsis
Scénario, découpage
Anecdote, action
Thème, sujet
Nœud

Index A, B, C, D
About

Index A, B, C, D
À propos de

Dependency
About

Constraint
Domesticity
Influence
Belonging
Thumb
Seizure
Allegiance
Slavery
Yoke
Guardianship
Submission
Oppression
Power
Domination
Chain
Attachment
Captivity
Mercy
Enslaving
Subjection
Servitude
Dominion
Vassalage
Obedience
Power
Sway
Sphere
Serfdom
Subordination

Dépendance
À propos de

Contraine
Domesticité
Emprise
Appartenance
Griffe
Main mise
Obédience
Esclavage
Joug
Tutelle
Soumission
Oppression
Pouvoir
Domination
Chaîne
Attachement
Captivité
Merci
Asservissement
Assujettissement
Servitude
Ressort
Vassalité
Obéissance
Puissance
Coupe
Mouvance
Servage
Subordination

Index n°2
About

Index n°2
À propos de

Fads and Fallicies in the Name of Science
and:
Chance, Luck and Statistics: The Science of Chance
and:
The Strange Story of the Quantum, an Account for the General Reader of the Growth of Ideas Underlying our Present Atomic Knowledge
and:
Great Ideas and Theories of Modern Cosmology
and:
The Mathematics of Great Amateurs
and:
Introduction to the Theory of Groups of Finite Order
and:
Elements of the Theory of Functions
and:
Numerical Solutions of Differential Equations
and:
Elementary Statistics, with Applications in Biological Sciences
and:
Introduction to Symbolic Logic
and:
Nonlinear Differential and Integral Equations
and:
Introduction to the Geometry of N Dimensions
and:
Elementary Concepts of Topology
and:
Elements of Non-Euclidian Geometry
and:
Introduction to the Theory of Numbers
and:
Mathematical Tables and Formulas
and:
Foundations of Physic
and:
Fondamental Formulas of Physics
and:
Theoretical Physics
and:
Mathematical Physics
and:
The Theory of Sound
and:
Hydrodynamics
and:
Dynamical Theory of Gases
and:
Thermodynamics
and:
Planetary Theory
and:
Some Theory of Sampling
and:
Principles of Stratigraphy
and:
The Phase Rule and its Application
and:
A Course of Mathematical Analysis
and:
Information Theory, Language and Cybernetics
and:
Geometric Exercices in Paper Folding
and:
The principles of Electrochemistry
and:
Fundamentals of Hydro-and Aeromechanics
and:
Applied Optics
and:
Strength of Materials

You Have to, What Is, In Order to

You have to:
Hate, loathe, detest, despise, dislike, abhor, be unable to bear, be unable to stand.

What is:
Common, frequent, regular, everyday, normal, usual, ordinary, familiar, standard, commonplace, average, unexceptional, typical, popular, mainstream, prevalent, established, conventional, accepted.

In order to:
Create.

Vous devez, ce qui est, afin de

Vous devez :
Haïr, exécrer, détester, mépriser, abominer, abhorrer, être incapable de supporter, être incapable de tolérer.

Ce qui est :
Commun, fréquent, courant, quotidien, normal, habituel, ordinaire, archiconnu, coutumier, banal, moyen, rebattu, classique, répandu, majoritaire, prévalent, consacré, conventionnel, admis.

Afin de :
Créer.

LLF

VLF

SNCF
TGV
AF
PTT
PCF
BNB
UDF
CGT
RPR
TGB
PS
CFDT
FO
MMC
TF1
CIC
AGCM
ADAGP
SMIC
MG
EDF
CMW
PJ
PSG
UE
DRAC
TV5
FRAC
RTL
FNAC
SDF

BV

To Be a Victim or Not

Of:

Aerophobia
Zoophobia
Pogonophobia
Mastiagophobia
Apiphobia
Haemophobia
Erythrophobia
Gephyrophobia
Demophobia
Atelophobia
Apeirophobia
Oneirophobia
Bacillophobia
Eremophobia
Erotophobia
Satanophobia
Poinephobia
Autophobia
Gynophobia
Androphobia
Theophobia
Panophobia
Taphephobia

Être victime ou pas

De :

Aérophobie
Zoophobie
Pogonophobie
Mastrophobie
Apiphobie
Haïmophobie
Erythrophobie
Géphyrophobie
Démophobie
Atélophobie
Apéirophobie
Onéirophobie
Bacillophobie
Érémophobie
Érotophobie
Satanophobie
Poinéphobie
Autophobie
Gynophobie
Androphobie
Théophobie
Panaphobie
Taphéphobie

To Be Clear and

Understandable
Comprehensible
Intelligible
Plain
Uncomplicated
Explicit
Lucid
Coherent
Simple
Straightforward
Unambiguous
Clear cut
Obvious
Evident
Sure
Definite
Unmistakable
Manifest
Undisputable
Patient
Incontrovertible
Transparent
Limpid
Crystal clear
Cloudless

Être clair et

Net
Compréhensible
Intelligible
Flagrant
Pas compliqué
Explicite
Lumineux
Cohérent
Simple
Inéquivoque
Sans ambiguïté
Précis
Évident
Visible
Certain
Formel
Indubitable
Manifeste
Indiscutable
Patent
Incontestable
Transparent
Limpide
Cristallin
Assuré

To Be or Not to Be

Experimental?
Exploratory?
Investigational?
Trial?
Test?
Pilot?
Speculative?
Tentative?
Preliminary?
Innovative?
Creative?
Radical?
Avant-garde?
Alternative?
Unorthodox?
Unconventional?
Cutting-edge?

Être ou ne pas être

Expérimental ?
Exploratoire ?
Examinatoire ?
Probatoire ?
D'essai ?
Pilote ?
Spéculatif ?
Prospectif ?
Préliminaire ?
Novateur ?
Créatif ?
Radical ?
Avant-gardiste ?
Alternatif ?
Atypique ?
Original ?
À la pointe ?

To Read This Is

Easy
Uncomplicated
Undemanding
Effortless
Evident
Painless
Trouble-free
Simple
Straight forward
Elementary
A piece of cake

Lire ceci est

Facile
Pas compliqué
Commode
Aisé
Évident
De tout repos
Sans problème
Simple
Tout bête
Élémentaire
Du gâteau

Untitled (to Don Judd)

Sans titre (à Don Judd)

Untitled 1962
Untitled 1963
Untitled 1964
Untitled 1965
Untitled 1966
Untitled 1967
Untitled 1968
Untitled 1969
Untitled 1970
Untitled 1971
Untitled 1972
Untitled 1973
Untitled 1974
Untitled 1975
Untitled 1976
Untitled 1977
Untitled 1978
Untitled 1979
Untitled 1980
Untitled 1981
Untitled 1982
Untitled 1983
Untitled 1984
Untitled 1985
Untitled 1986
Untitled 1987
Untitled 1988
Untitled 1989
Untitled 1990
Untitled 1991
Untitled 1992
Untitled 1993

The Chaos of Poetry

The disorganization of poetry
The confusion of poetry
The mayhem of poetry
The bedlam of poetry
The pandemonium of poetry
The havoc of poetry
The turmoil of poetry
The anarchy of poetry
The lawlessness of poetry

Le Chaos de la poésie

La désorganisation de la poésie
La confusion de la poésie
Le grabuge de la poésie
Le chahut de la poésie
Le charivari de la poésie
La zizanie de la poésie
L'agitation de la poésie
L'anarchie de la poésie
Le désordre de la poésie

The Nature of All

Ephemeral
Transitory
Transient
Fleeting
Passing
Short-lived
Momentary
Brief
Short
Temporary
Impermanent
Short-term

La Nature de toute chose

Éphémère
Transitoire
Passagère
Fugace
Fugitive
De courte durée
Momentanée
Brève
Courte
Temporaire
Impermanente
Sans lendemain

Processed

UNKNOWN
DETECTED
LOCATED
DISCOVERED
UNEARTHED
BROKEN
DESTROYED
ATTRIBUTED
EXAMINED
STUDIED
X-RAYED
DATED
ANALYZED
DESCRIBED
APPRECIATED
SOUGHT AFTER
VALUED
ADMIRED
COLLECTED
BORROWED
SUBSTITUTED
COPIED
STOLEN
EXCHANGED
SOLD
DISPLAYED
AUTHENTICATED
IDOLIZED
SUBLIMATED
MUSEOGRAPHIED
HISTORIOGRAPHIED

Traités

INCONNUS
DÉCELÉS
REPÉRÉS
DÉCOUVERTS
DÉTERRÉS
BRISÉS
DÉTRUITS
ATTRIBUÉS
EXAMINÉS
ÉTUDIÉS
RADIOGRAPHIÉS
DATÉS
ANALYSÉS
DÉCRITS
APPRÉCIÉS
RECHERCHÉS
ESTIMÉS
ADMIRÉS
COLLECTIONNÉS
EMPRUNTÉS
SUBSTITUÉS
COPIÉS
VOLÉS
ÉCHANGÉS
VENDUS
EXPOSÉS
AUTHENTIFIÉS
IDOLÂTRÉS
SUBLIMÉS
MUSÉOGRAPHIÉS
HISTORIOGRAPHIÉS

Does the Question... Arise?

Does the question of irreversibility arise?
Does the question of statistical points of view arise?
Does the question of statistical equivalences arise?
Does the question of unstable systems arise?
Does the question of kinetic theory arise?
Does the question of probabilities and trajectories arise?
Does the question of the unrefined character of our approximations arise?
Does the question of quantitatively verified predictions arise?
Does the question of statistical laws arise?
Does the question of equivalence between the individual and the statistical levels arise?
Do all these questions concerning their relationship to the poetic arise?

La Question… se pose-t-elle ?

La question de l'irréversibilité se pose-t-elle ?
La question des points de vue statistiques se pose-t-elle ?
La question des équivalences statistiques se pose-t-elle ?
La question des systèmes instables se pose-t-elle ?
La question de la théorie cinétique se pose-t-elle ?
La question de probabilités et de trajectoires se pose-t-elle ?
La question du caractère grossier de nos approximations se pose-t-elle ?
La question des prédictions quantitativement vérifiées se pose-t-elle ?
La question des lois statistiques se pose-t-elle ?
La question de l'équivalence entre le niveau individuel et le niveau statistique se pose-t-elle ?
Toutes ces questions se posent-elles concernant leur relation au poétique ?

Questioning

Is time an emerging property?
Is macroscopic irreversibility the expression of a random character of the microscopic level?
Does instability impose a reformulation of the fundamental classical quantum laws?
Do dissipative structures demand the introduction of an arrow for time?
Is it possible to understand their appearance through approximations that we can introduce into laws that are reversible with respect to time?
Can we formulate the laws of dynamics at the statistical level?
Do unstable dynamic systems lead to a new type of probability?
Are we trajectories, wave functions, or probabilities?

And the role played by time, as a value "of" irreversibility in physics?

Interrogation

Le temps est-il une propriété émergente ?
L'irréversibilité macroscopique est-elle l'expression d'un caractère aléatoire du niveau microscopique ?
L'instabilité impose-t-elle une reformulation des lois fondamentales classiques quantiques ?
Les structures dissipatives exigent-elles l'introduction d'une flèche du temps ?
Est-il possible de comprendre leur apparition par des approximations que nous pouvons introduire dans des lois réversibles par rapport au temps ?
Pouvons-nous formuler les lois de la dynamique au niveau statistique ?
Les systèmes dynamiques instables conduisent-ils à un nouveau type de probabilité ?
Sommes-nous des trajectoires, des fonctions d'ondes ou des probabilités ?

Et le rôle du temps, en tant que valeur « de » l'irréversibilité en physique ?

Far From Being

Eccentric
Unconventional
Abnormal
Anonymous
Odd
Strange
Peculiar
Weird
Bizarre
Outlandish
Idiosyncratic
Quirky
Cranky

Loin d'être

Excentrique
Rocambolesque
Anormal
Anonyme
Incongru
Étrange
Spécial
Insolite
Bizarre
Extravagant
Singulier
Loufoque
Farfelu

Love About

Adoration
Devotion
Fervor
Piety
Charity
Cult
Worship
Mysticism
Dilection
Contemplation

and about

Caprice
Love at first sight
Infatuation
Banter
Sweet nothings
Fling
Liaison
Flirt
Passing fancy
Romp
Affair
Coquetry
Dalliance
Sport
Crush
Whimsy
Gallantry
Passion

Amour
À propos de

Adoration
Dévotion
Ferveur
Piété
Charité
Culte
Prière
Mysticisme
Dilection
Contemplation

et de

Caprice
Coup de foudre
Engouement
Badinage
Fleurette
Passade
Liaison
Flirt
Amourette
Batifolage
Aventure
Coquetterie
Intrigue
Amusement
Béguin
Fantaisie
Galanterie
Passion

The Accident Pieces Are Related to

Disorder
Instability
Rupture
Dissipation
Imbalance
Antagonism
Entropy
Disorganization
Disturbance
Unpredictability
Deviance
Dissipation
Complexity
Uncertainty
Randomness
Disintegration
Transition
Unexpected
Degradation
Turbulence
Chance
Collision
Irreversibility

Hommage à l'accident

Désordre
Instabilité
Rupture
Dispersion
Déséquilibre
Antagonisme
Entropie
Désorganisation
Perturbation
Imprévisibilité
Déviance
Dissipation
Complexité
Incertitude
Aléatoire
Désintegration
Transition
Inattendu
Dégradation
Turbulence
Hasard
Collision
Irréversibilité

Poem that

Poem that implies the use of extreme intensities relative to phonation:

of the death rattle,
of cries,
of monotony,
of panting,
of laughter,
of sneezing,
of whistling,
of coughing,

In a word, that rejects the predominance of regularization, of the constancy principle.

Poème qui

Poème qui implique l'usage des intensités extrêmes, relatives à la phonation :

du râle,
du cri,
de la monotonie,
du halètement,
du rire,
de l'éternuement,
du sifflement,
de la toux,

Bref, qui refuse la prédominance de la régularisation, du principe de constance.

Entropy Poem

When:
Language of information ≠ language of probability.
Quantity of chance ≠ quantity of information.

Then entropy takes place.
Indeed:
A group of properties likens information theory ______
modynamic.
Loss of _________ irreversible formation in ________ for a
system ________ from the exter____ and _________ failure of
a transmission process.
The _______ semantic difference _______, _______ to the
representation of phenomena ___________ quantity _________
through the experience _________. _________ suppressed
uncertainty _______ results ___perior ______rms _____ but
____tiall____ ______obabil _____ onl _____te ______u _______.

Poème entropie

Lorsque :
Langage de l'information ≠ langage de la probabilité.
Quantité de hasard ≠ quantité d'information.

Alors l'entropie intervient.
En effet :
Un ensemble de propriétés rapproche la théorie de
l'information ______ modynamique.
Perte d' _________ formation irréversible dans ________ pour
un système ________ de l'exter____ et _________ défaut du
procédé de transmission.
La _______ différence sémantique _______, _______ à la
représentation des phénomènes ___________ quantité
_________ par l'expérience ________. _________ incertitude
supprimée _______ résultats ___périeure ______rmes _____
mais ____tiellem____ ______obabil _____ eul _____te ______u
_______.

Poem and Plausibility

Depending on statistics?
On probabilities?
Is there a mathematical model for reaching a conclusion?
Can one define a value for the parameters?
Consider an observation number to be quite large?
And the interpretation of the observation?
Doubt the effectiveness of the method at the utmost
of plausibility?
On plausibility as a decisive unifying concept of statistics?
Testable theories...!
But...
Choose which?
Reality: there is no true theory but only false theories
and others that are not so yet.
Plausible poem, plausible statistically.

Poème et vraisemblance

Dépendant de statistiques ?
De probabilités ?
Y a-t-il un modèle mathématique pour en conclure ?
Peut-on définir une valeur des paramètres ?
Considérer un nombre d'observation très grand ?
Et l'interprétation de l'observation ?
Douter de l'efficacité de la méthode au maximum de vraisemblance ?
De la vraisemblance comme concept unificateur décisif de la statistique ?
Théories testables...!
Mais...
Choisir laquelle ?
Réalité : il n'y a pas de théorie vraie mais seulement des théories fausses et d'autres qui ne le sont pas encore.
Poème vraisemblable, statistiquement vraisemblable.

Poetic?

Positively poetic?
Definitely poetic?
Firmly poetic?
Categorically poetic?
With certainty poetic?
Absolutely poetic?
Virtually poetic?
Conclusively poetic?

Poétique ?

Franchement poétique ?
Indéniablement poétique ?
Résolument poétique ?
Catégoriquement poétique ?
Assurément poétique ?
Absolument poétique ?
Effectivement poétique ?
Intégralement poétique ?

Poetry / A Small Piece of Writing Not Being

Emotional
Passionate
Hot-blooded
Ardent
Fervent
Warm
Responsive
Excitable
Temperamental
Sensitive
Poignant
Moving
Touching
Affecting
Emotive
Impassioned
Dramatic

Poésie / Une petite œuvre écrite pas

Sentimentale
Passionnée
Enflammée
Ardente
Fervente
Enthousiaste
Réceptive
Nerveuse
Capricieuse
Tendre
Poignante
Émouvante
Touchante
Attendrissante
Affective
Exaltée
Théâtrale

Poetry / Writing / Thoughts Being

Not flamboyant
Not ostentatious
Not exuberant
Not confident
Not lively
Not animated
Not vibrant
Not vivacious
Not colorful
Not vivid
Not dazzling
Not showy
Not gaudy
Not garish
Not loud

Une poésie / un écrit / des pensées

Pas exubérants
Pas ostentatoires
Pas bavards
Pas mouvementés
Pas animés
Pas palpitants
Pas fougueux
Pas truculents
Pas pittoresques
Pas frappants
Pas éblouissants
Pas tapageurs
Pas clinquants
Pas stridents
Pas bruyants

Poem Composed

of a series of letters: 82
of words: 17
of numbers: 7
of punctuation marks: 5
of diacritical marks: 0

Poème composé

d'une suite de lettres : 69
de mots : 15
de chiffres : 7
de ponctuations : 6
d'accents : 2

Scrambled Poem

...by linear generation; successions of terms, isn't in two,
reality is the critical process of the principle, according to
which a state, thesis, thing, logic of identity, uniqueness
of a state, which unthinkable is, division, muddle, one is
divided into two, engendering, principle, only that which
is sundered is identity, demarcation line, to deny under
the cover of objectivism—idealist finality—end of human
prehistory—"process with no subject and no end"—objective
fixedness where it encloses it—diachronic effect of objective
structures—movement as struggle and something new—
existing equilibriums metaphysical oozing—definition of
revisionism in philosophy—steadfastly defended.

Poème brouillé

... par engendrement linéaire ; successifs des termes, n'est pas en deux, la réalité est processus critique du principe, selon quoi un état, thèse, chose, logique de l'identité, unicité d'un état, que pensable n'est, division, enchevêtrement, un se divise en deux, engendrement, principe, n'est d'identité que scindée, ligne de démarcation, nier sous couvert d'objectivisme – finalité idéaliste – fin de la préhistoire humaine – « processus sans sujet ni fin » – fixité objective où elle l'enferme – effet diachronique des structures objectives – mouvement comme lutte et nouveauté – équilibres existants suintement métaphysique – définition du révisionnisme en philosophie – opiniâtrement défendu.

Poem as

Poem as an ensemble of contradictions?
Without a linear generation of succeeding terms?
In a transitory state.
Whose being is transition, that is, the inner separation which it is only the movement of.
Poem... in a logic of separation?
Its reality, not being reduced in the uniqueness of a state or equilibrium.
Its uniqueness itself being conceivable only as an arbitrary division.

Poème comme

Poème comme ensemble de contradictions ?
Sans engendrement linéaire des termes successifs ?
En état transitoire.
Dont l'être est la transition, c'est-à-dire, la scission interne
dont il n'est que le mouvement.
Poème... dans une logique de scission ?
Sa réalité ne se résorbant pas dans l'unicité d'un état
ou d'un équilibre.
Son unicité elle-même n'étant pensable que comme division
arbitraire.

When Poetry is Questioned

The temptation is rather that of a withdrawal, which results in a general skepticism as to the pertinence of our references. If the "possible" is richer than "reality"... Then poetry has to be imagined from the possible, not from some initial state from which it could be deduced in some way.
Then...
Question:
How does one generate those possibilities?

Lorsque la poésie est interrogée

La tentation est plutôt celle d'un repli, qui se traduit par un scepticisme général quant à la pertinence de nos références.
Si le « possible » est plus riche que le « réel »... Alors la poésie doit être pensée à partir du possible, non à partir d'un quelconque état initial dont elle pourrait en quelque manière être déduite.
Alors...
Question :
Comment générer ces possibles ?

When T Refers to

When T refers to an unspecified mathematical theory as part of a refutation, the more T allows abstract methods, the more the result is convincing.

If P is a decidable clause, then
i) the truth of P implies its formal demonstrability in T,
ii) the falsity of P implies formal refutability in T.
Verify this assertion, noting that we have a mechanical process for deciding P. Everything is mechanical and formalizable: we need only have among the axioms of T what is needed to reflect the calculations that lead to the decision P. If this argument is found to be unconvincing, we should think of writing a program that is produced thanks to a language with a rigid syntax and is in its way a formal system.
Namely $Q = \exists x \exists y\, P(x, y)$ an existential statement; then
iii) if Q is true, then it is formally demonstrable in T.
Indeed, to say that Q is true means that $P(n, m)$ is true for a certain choice $x = n, y = m$ and therefore $P(n, m)$ is demonstrable; logical rules then allow us to formally link
$\exists x \exists y$ in T.
Finally then, $R = \forall x \forall y\, S(x, y)$ a universal statement; then
iv) If T is consistent and if R is formally demonstrable in T, then R is true.
Indeed, the negation Q of R is existential; if R were false, then according to iii) Q would be demonstrable in T, and T proving R and its negation would be contradictory.
It is impossible—without additional hypotheses—to state other general relationships between true and provable.

Lorsque T désigne

Lorsque T désigne une théorie mathématique non spécifiée, dans le cadre d'une réfutation, plus T permet de méthodes abstraites, plus le résultat est convaincant.

Si P est un énoncé décidable, alors
i) la vérité de P implique sa démonstrabilité formelle dans T,
ii) la fausseté de P implique sa réfutabilité formelle dans T.
Pour vérifier cette assertion, remarquant que nos disposons d'un procédé mécanique pour décider P. Tout ce qui est mécanique et formalisable : il suffit d'avoir parmi les axiomes de T de quoi refléter les calculs qui mènent à la décision de P.
Si cet argument n'est pas jugé convaincant, pensons à l'écriture d'un programme, qui se fait au moyen d'un langage à la syntaxe rigide, et qui est bien à sa façon un système formel.
Soit maintenant $Q = \exists x \exists y\, P(x, y)$ un énoncé existentiel ; alors
iii) si Q est vrai, alors il est formellement démontrable dans T.
En effet, dire que Q est vrai veut dire que $P(n, m)$ est vrai pour un certain choix $x = n, y = m$ et donc $P(n, m)$ est démontrable ; les règles logiques permettent alors d'enchaîner formellement $\exists x \exists y$ dans T.
Soit enfin, $R = \forall x \forall y\, S(x, y)$ un énoncé universel ; alors
iv) Si T est consistante et si R est formellement démontrable dans T, alors R est vraie.
En effet, la négation Q de R est existentielle ; si R était fausse, alors d'après iii) Q serait démontrable dans T, et T prouvant R et sa négation serait contradictoire.
Il n'est pas possible – sans hypothèse supplémentaire – d'énoncer d'autres relations générales entre vrai et prouvable.

Modality of Negation?

The possibility of a "no"?
Of an inescapable "no".
Not changeable into a "yes".
The ontology of the accident is determined then...
A life that says "no to itself"?
No to continuity?
No to the resistance of memory?
No to childhood?
No to sensible metamorphosis?
No to progressive decline?
The unacceptance of negative progress...
Whereas ordinarily, the notion of possibility is structurally linked to affirmation...

Modalité de la négation ?

La possibilité d'un « non » ?
D'un « non » incontournable.
Inconvertible en « oui ».
L'ontologie de l'accident se détermine alors...
Une vie qui se dit « non » à elle-même ?
Non à la continuité ?
Non à la résistance de la mémoire ?
Non à l'enfance ?
Non à la métamorphose sensée ?
Non au déclin progressif ?
L'inacceptance du progrès négatif...
Alors que d'ordinaire, la notion de possibilité est structurellement liée à l'affirmation...

From Deterministic Models of Forecasting to Probabilistic Ones

Semantic difference...
Well, yes, forecasting as a projection into the future through an approach without risk, when, certainty is asserted.
Ordinary mechanics and its predictivity.
Prediction of the future, taken into account by chance and statistics without deterministic models.
The random as a resort, constructions of forecasting models in uncertain worlds. Dependency between past and present in the probabilistic sense of the term.
Forecasting is no longer presented the same way.
And...

> ... Instead of "the CAC 40 rate in a week's time in 1988," one will say, "with a probability of 95% the CAC 40 rate, in a week's time, will be included between 1986 and 1990."

Des modèles déterministes de la prévision aux modèles probabilistes

Différence sémantique...
Alors, oui, la prédiction comme projection dans le futur, par une démarche sans hasard, lorsque, la certitude est affirmée.
La mécanique ordinaire et sa prédictivité.
Prévision du futur, prise en compte du hasard et de la statistique sans modèles déterministes.
L'aléatoire comme recours, constructions de modèles de prévision en univers incertains. La dépendance entre passé et présent au sens probabiliste du terme.
La prévision ne s'annonce plus sous la même forme.
Et...

> ... Au lieu de « le cours du CAC 40 pendant huit jours en 1988 », on dira « avec une probabilité de 95% le cours du CAC 40, pendant huit jours, sera compris entre 1986 et 1990 ».

The Point

As an element of space.
As a mark of a more or less determined form.
As a very small circle.
As a written sign, as a specific mark.
As an abstract moment.
As a precise place, as a determined area.
As an abstract moment.
Of hypocrisy when discussion is no longer possible.
As the fusion point.
We are not coming back to.
As the one-hundredth part of a carat.
As a nonmetric unit of measure (one twelfth of a pica or approximately one seventy-second of an inch).
As a unit for calculating retirement pension benefits.
As a punctuation mark.
As a conventional surface unit of artists' paintings.
As a synonym of "pixel".
Of departure.
Of arrival.
The "Pointing machine" as a method for reproducing a piece of sculpture.
As a generic name for the temperature at which a phenomenon occurs (phase transition, boiling, fusion, etc.).
In animal breeding, as a unit for calculating an animal's "score".
As an element of affine space, projective space, or topological space.

Le Point

Comme élément d'espace.
Comme marque de forme plus ou moins déterminée.
Comme très petit rond.
Comme signe graphique, comme marque spécifique.
Comme moment abstrait.
Comme lieu précis, comme endroit déterminé.
Comme moment abstrait.
D'hypocrisie lorsque la discussion n'est plus possible.
De fusion.
Sur lequel on ne revient pas.
Comme la centième partie d'un carat.
Comme unité de mesure non métrique (la pointure).
Comme unité de calcul des avantages d'assurances vieillesse.
Comme signe de ponctuation.
Comme unité conventionnelle de surface des toiles d'artiste-peintres.
Comme synonyme de « pixel ».
De départ.
D'arrivée.
La « mise au point » comme méthode de reproduction d'une sculpture.
Comme nom générique de la température à laquelle se produit un phénomène (transition de phase, ébullition, fusion, etc.).
En zootechnie, comme unité de calcul utilisée pour le pointage d'un animal.
Comme élément d'un espace affine, d'un espace projectif ou d'un espace topologique.

Statistics

The unemployment rate affected 12.6% of the working population.
It fell to 11.9% in May (as opposed to 12% in February)...
According to the statistics...
The International Labor Office indicates that the number of unemployed workers dropped to 153,000 over the last six months.
Unprecedented rate of decline...
This decrease benefited the 25-to-49-year-old age bracket (-0.8%).
The number of unemployed over the age of 50, however, rose by 0.8%.
Long-term unemployment, which affects older wage-earners in particular, continues unchanged.
It has gone up by 0.2% in one month and 4.5% in a year.
It currently affects 1,150,000 individuals (39.2% of the unemployed).
Unemployment among young people did not fall in May.
Among young men under 25, it declined by 0.4%.
Among young women under 25, it registered an increase of 0.5%.
By the end of June, 60,000 of these jobs were filled.
"40,000 other jobs have been made available," the Minister stated in a recently published interview.
One indicator is of special interest to the administration, i.e., the decline of layoffs for economic reasons.
They have fallen from 27,253 in April to 20,545 one year later.
Job offers at the National Employment Office remain, in absolute value, concentrated in posts of more than six months duration.
Their number has unfortunately seen little increase (+1.6% in one year).
On the other hand, jobs lasting less than six months, even...

Statistiques

Le taux de chômage frappait 12,6 % de la population active.
Il est tombé à 11,9 % en mai (contre 12 % en février)... Selon les statistiques...
Le Bureau International du travail indique que le nombre de chômeurs a baissé de 153 000 au cours des six derniers mois.
Rythme de baisse sans précédent...
Ce recul a profité à la tranche d'âge 25-49 ans (-0,8 %).
Le nombre de chômeurs de plus de 50 ans a, lui, augmenté de 0,8 %.
Le chômage de longue durée qui frappe surtout les salariés âgés, résiste toujours.
Il a progressé de 0,2 % en un mois et de 4,5 % en un an.
Il touche 1 150 000 personnes (39,2 % du nombre des chômeurs).
Le chômage des jeunes n'a pas baissé en mai.
Celui des hommes de moins de 25 ans se réduit de 0,4 %.
Celui des femmes de moins de 25 ans enregistre une hausse de 0,5 %.
Fin juin, 60 000 de ces emplois étaient pourvus.
« 40 000 autres emplois sont décidés » a précisé le ministre dans un entretien publié récemment.
Un indicateur intéresse particulièrement le gouvernement : la baisse des licenciements économiques.
De 27 253 en avril, ils sont tombés à 20 545 un an plus tard.
Les offres de l'ANPE restent en valeur absolue, concentrées sur les emplois de plus de six mois.
Leur nombre malheureusement augmente peu (+1,6 % en un an).
En revanche, les emplois de moins de six mois, voire de...

Noise

Bruit

Crossword

Across

I. Whose trip begins on the side.
II. Take great pains.
The pot, for the winner.
III. Better heard when dubbed or doubled.
Terrible blow for greenhorns.
IV. Stupid word.
Served at table or removed when sitting down to eat.
V. Subtle work.
Often in the outposts in the field.
VI. For calling out. Gets round in Latin America.
A tie-up for the chef.
VII. A problem when they don't skin their calves.
War head.
VIII. Came down to us.
Good place for getting fat.
IX. Reduces distances in France and Europe.
Remove little by little.
X. When popular they bring on the revolution.

Down

1. Spark lots of interest.
2. Malagasy butterfly. Thinking subject.
3. London news. Corrected.
4. A bit shady.
Return on a regular basis.
5. Quite enough for meager harvests. Note.
6. Make a choice. Inspect.
7. The police seen from underground.
8. Bared, before ending up in the soup.
A club in Marseilles.
9. A comrade that is now a social symbol.
A good way to break free.
10. Remained intact to ensure the estate.
Poorly distributed gift.
11. Their price is much more than their actual value.
12. Put back in their place.

Mots croisés

Horizontalement

I. Son voyage commence sur le bas-côté.
II. Se donner beaucoup de peine.
Le gros, pour le gagnant.
III. Doublé, il se fait mieux entendre.
Sale coup pour les bleus.
IV. Propos stupide.
Servi à table ou ôté pour se mettre à table.
V. Travail en finesse.
Souvent aux avant postes sur le terrain.
VI. Pour interpeller. Circule en Amérique latine.
Un os pour le chef.
VII. Ennuyeux quand ils ne font pas la peau.
Tête d'ogive.
VIII. Arrivées jusqu'à nous.
Bon endroit pour faire du lard.
IX. Réduit les distances en France et en Europe.
Faire disparaitre petit à petit.
X. Populaires, ils amènent la révolution.

Verticalement

1. Qui suscitent beaucoup d'intérêt.
2. Papillon malgache. Sujet pensant.
3. Informations londoniennes. Corrigé.
4. Un peu d'ombrage.
Reviennent à heures régulières.
5. Suffisante pour les petites récoltes. Note.
6. Faites un choix. Passe en revue.
7. La police vue du milieu.
8. Mis à nu, avant de finir à la casserole.
Club phocéen.
9. Un camarade devenu symbole social.
Le bon moyen pour s'échapper.
10. Resté entier pour assurer la succession.
Don mal réparti.
11. Leur prix est bien plus grand que leur valeur réelle.
12. Remises en place.

Treatment A, Treatment B

Physicians were asked about an epidemic that could kill up to 600 people and there were two types of treatment available:

1. Treatment A: 200 will be saved.
2. Treatment B: with a one-out-of-three chance that there will be no deaths, and a two-out-of-three chance that no one will be saved.

Choice A: 72%; choice B: 28%.

The same question was asked but formulated differently:

1. If treatment A is adopted, 400 people will die.
2. If treatment B is adopted, there is a one-in-three chance that no one will die, and a two-in-three chance that 600 people will die.

Choice A: 22%; choice B: 78%.

These experiments, already dating back many years, are to be confirmed in other contexts.

Thérapie A, Thérapie B

On interroge des médecins à propos d'une épidémie, susceptible de tuer 600 personnes et deux types de thérapies sont possibles :

1. Thérapie A : 200 personnes seront sauvées.
2. Thérapie B : avec la probabilité 1/3, il n'y aura pas de victimes, avec la probabilité 2/3, personne ne sera sauvé.

Choix A : 72% ; choix B : 28%.

La même question est reposée sous la forme suivante :

1. Si l'on adopte la thérapie A, 400 personnes mourront.
2. Si l'on adopte la thérapie B, avec la probabilité 1/3, personne ne mourra ; avec la probabilité 2/3 les 600 personnes mourront.

Choix A : 22% ; choix B : 78%.

Ces expériences, déjà anciennes, seraient à conforter dans d'autres contextes.

We Know — As Well as — But also — So — And — Therefore — Such that

We know:
That an equation is a finite series of numbers.

As well as:
A figure of demonstration and a finite series of numerous finite series of natural numbers.

But also:
Metamathematical concepts (or propositions) therefore become concepts (or propositions).
Themselves pertaining to natural numbers or series of natural numbers.

So:
They can be expressed by symbols from the PH system itself.

And:
The concepts of "equation", "demonstration figure", and "demonstrable equation" can be defined within the PH system.

Therefore:
One can, for example, find an equation F(v) of PH with a free variable v (of the kind that is a series of numbers).

Such that:
F(v), interpreted according to the meaning of the PH terms, means: v is a demonstrable equation.

Nous savons — ainsi que — mais aussi — alors — et — ainsi — telle que

Nous savons :
Qu'une formule est une suite finie de nombres.

Ainsi que :
Une figure de démonstration et qu'une suite finie de suites finies de nombres naturels.

Mais aussi :
Les concepts (ou propositions) métamathématiques deviennent ainsi des concepts (ou propositions).
Portant eux-mêmes sur des nombres naturels ou des suites de nombres naturels.

Alors :
On peut donc les exprimer par des symboles du système PH lui-même.

Et :
Les concepts de « formule », de « figure de démonstration » et de « formule démontrable » peuvent être définis à l'intérieur du système PH.

Ainsi :
On peut trouver par exemple une formule F(v) de PH avec une variable libre v (du type d'une suite de nombres).

Telle que :
F(v), interprétée selon la signification des termes de PH, signifie : v est une formule démontrable.

Saturation (1)

Saturation (1)

RÉBUS ■ *I. Au pr. :* charade, devinette, énigme, logogriphe, mots croisés. *II. Fig. :* mystère, secret.

REBUT ■ *I. Au pr.* ⇒ refus. *II. Par ext. :* balayure, bas-fond, déchet, écume, [illegible] lie, [illegible] négligeable, racaille, rancart, reste, rogaton [illegible]

REBUT[illegible] ⇒ repo[illegible]

REBUT[illegible] découra[illegible]

RÉCAL[illegible] entêté, [illegible] nable, [illegible] table, [illegible] table, [illegible] regimb[illegible] rude, [illegible] volontaire, réfractaire

RECAL[illegible] refuser.

RÉCAP[illegible]

RÉCAP[illegible]

RECEL[illegible] ⇒ cacher. *II.* ⇒ contenir.

RECEN[illegible] ⇒ déno[illegible]

RECEN[illegible] *II.* ⇒

RECEN[illegible]

RÉCEN[illegible]

RÉCÉP[illegible]

RÉCEP[illegible]

RÉCEP[illegible] initiatio[illegible] Accueil[illegible] Bridge, [illegible] tail, déj[illegible] (tea), g[illegible] soirée, [illegible]

RECÈS[illegible]

RÉCES[illegible]

RECETT[illegible]

RECÈS, RECEZ ■ ⇒ convention.

RÉCESSION ■ *I.* ⇒ crise. *II.* ⇒ recul.

profit. ⇒ bénéfice. *II.* ⇒ méthode. *III.* ⇒ procédé.

RECEVABLE ■ ⇒ acceptable.

RECEVOIR ■ *I. Au pr.* 1. Favorable ou neutre : acquérir, encaisser, obtenir, [illegible] toucher. 2. [illegible] avaler, boire, [illegible] encaisser, [illegible] récol[illegible] *II. Par* [illegible] donner [illegible] *les syn.* [illegible] traiter. 2. [illegible] agréer, [illegible]

[illegible] Battue, [illegible] investiga[illegible] *Fig.* : [illegible] (vx), [illegible] expé[illegible] observation, [illegible] tâton[illegible] percussion, [illegible] affectation.

[illegible] compliqué. *II.* [illegible]

[illegible] reprise.

[illegible] Cheval de retour [illegible]

RÉCIPIENDAIRE ■ Bénéficiaire, [illegible] boîte, bouteille, contai[illegible] emballage, vase. ⇒ ustensile.

RÉCIPROQUE ■ ⇒ mutuel.

RÉCIT ■ *I.* Anecdote, compte rendu, [illegible]

Text Progression

Progression textuelle

∪	⋓	2	[illegible]	p	p'
1	1	1	[illegible]	1	2
2	2	2	[illegible]	2	3
3	3	2	[illegible]	3	4
·	·	·	· · ·	· ·	· ·
·	·	·	· · ·	· ·	· ·
·	·	·	· · ·	· ·	· ·
n	1	2	[illegible]	n	1

Obs[illegible] scheme.

The [illegible] the [illegible] lates [illegible] A we can [illegible] corresponding [illegible] w that [illegible] The algebras [illegible] for ample [illegible] algebras.

Our undefined [illegible] a , and [illegible] first definitions [illegible] are:

P1. If p [illegible] term [illegible] of C.
P2. If p [illegible] p.
P3. If p, [illegible]
P4. If p [illegible] $= p$.
D1. [illegible] r,
$p \cup$ [illegible], etc.
D2. [illegible] $'(p'')'$.
D3. [illegible] p'''.

∪	1	2	[illegible]
1	1	1	[illegible]
2	2	2	[illegible]
3	3	2	[illegible]
⋮	⋮	⋮	[illegible]
n	1	2	[illegible]

n $n1$ | nn | $n1$ n

Obse[illegible] scheme[illegible] scheme.

The [illegible] the basis [illegible] lates [illegible] we can develop [illegible] correspon[illegible] that [illegible] algebra [illegible] ample [illegible]

Our undefined [illegible] , and an undefined [illegible] definitions [illegible] are:

P1. p [illegible] term[illegible]

P2. p [illegible]

P3. p [illegible]

P4. p [illegible]

D1. $p \cup q$ [illegible] $p \cup q$ [illegible]

D2. $p^2 =$ [illegible]

D3. (n) [illegible]

Saturation (2)

Saturation (2)

We shall symbolize the statement "x is a member of α" by "$x \in \alpha$."

If α and β are classes, we shall denote by "$\alpha \cap \beta$" the class of all objects which are members of both α and β. Similarly, we shall use "$\alpha \cup \beta$" for the class of all things which are either in α or in β or in both. Thus if α is the class of females and β is the class of engineers, then $\alpha \cap \beta$ is the class of female engineers, and $\alpha \cup \beta$ is the class of all objects which are either females or engineers or both. By α' we shall mean the class of all objects which are not in α. The class $\alpha - \beta = \alpha \cap \beta'$, by definition, so that $\alpha - \beta$ is the class of all objects which are in α but not in β. Two special classes are of importance, the universal class, denoted by "1", which is the class containing all things, and the null class, 0, which is the class which has no members.

These symbols have been introduced so that we may construct an algebra of classes. They enjoy the following properties:

T4. $\alpha \cap \beta = \beta \cap \alpha$;

T5. $\alpha \cap (\beta \cap \gamma) = (\alpha \cap \beta) \cap \gamma$;

T6. $\alpha \cup \beta = \beta \cup \alpha$;

T7. $\alpha \cup (\beta \cup \gamma) = (\alpha \cup \beta) \cup \gamma$;

T8. $\alpha \cap \alpha = \alpha \cup \alpha = \alpha$;

T9. $\alpha \cap (\beta \cup \gamma) = (\alpha \cap \beta) \cup (\alpha \cap \gamma)$;

T10. $\alpha \cup (\beta \cap \gamma) = (\alpha \cup \beta) \cap (\alpha \cup \gamma)$;

T11. $\alpha \cup \alpha' = 1$;

T12. $\alpha \cap \alpha' = 0$;

T13. $\alpha \cap 1 = \alpha \cup 0 = \alpha$;

T14. $\alpha \cup 1 = 1$;

T15. $\alpha \cap 0 = 0$;

T16. $(\alpha')' = \alpha$;

T17. $0' = 1$, $1' = 0$;

T18. $(\alpha \cup \beta)' = \alpha' \cap \beta'$;

T19. $(\alpha \cap \beta)' = \alpha' \cup \beta'$;

T20. $\alpha \cup (\alpha \cap \beta) = \alpha \cap (\alpha \cup \beta) = \alpha$.

These propositions are for the most part obvious. Thus T4 says that [illegible] x is in [illegible] and conversely [illegible] a little more compli-

Chapter I

THE LOGIC OF CLASSES

SECTION 1. INTRODUCTION

FUNDAMENTAL THEOREMS

Logic is the science of the valid processes of reasoning. In mathematical logic we investigate these processes by mathematical methods. In this first chapter we shall study the simplest branch of this science, the logic of classes.

For the moment we shall not attempt to analyze the concept of "class." Rather we shall take it as undefined but shall assume that its intuitive meaning is known. By a class we shall mean any collection of things, for example, the class of all men or the class of red-headed baboons. The members of the class may be abstractions or may be in some other sense not tangible; thus the class of positive integers and the class of jabberwockies are perfectly good classes. We shall denote classes by small Greek letters.

We shall say that the class α is the same as the class β if and only if they have exactly the same members. Thus the class of even primes is the same as the class whose only member is the number 2. We shall denote the relationship "α is the same as β" by the symbols "$\alpha = \beta$." The following propositions are evident:

T1. $\alpha = \alpha$;

T2. *if* $\alpha = \beta$, *then* $\beta = \alpha$;

T3. *if* $\alpha = \beta$ *and* $\beta = \gamma$, *then* $\alpha = \gamma$.

In most statements, if $\alpha = \beta$, then "α" may be substituted for "β" at any point without changing the truth or falsity of the statement.

cated properties, say P, as an illustration. We must show that every member of the class on the left-hand side of the equation is also a member of the class on the right, and conversely. If $x \in$ ... or both. If $x \in$ ... Hence $x \in$ ... then $x \in$ ... and from the second, $x \in$ ...

We have thus shown that ... The converse may be shown in a similar manner. In view of T5 and T6, ...

Chapter 1

THE LOGIC OF CLASSES

FUNDAMENTAL PROBLEMS

Logic is the science of the valid processes of reasoning. In mathematical logic, we investigate these processes by mathematical methods. In this first chapter we shall study the simplest branch of this science, the logic of classes.

For the moment we shall not attempt to analyze the concept of "class." Rather we shall take it as undefined but shall assume that its intuitive meaning is known. By a class we shall mean any collection of things, for example, the class of all men or the class of red-headed baboons. The members of the class may be abstractions or may be in some other sense not tangible; thus the class of positive integers and the class of jabberwockies are perfectly good classes. We shall denote classes by small Greek letters.

We shall say that the class α is the same as the class β if and only if they have exactly the same members. Thus the class of even primes is the same as the class whose only member is the number 2. We shall denote the relationship "α is the same as β" by the symbol "$\alpha = \beta$". The following propositions are evident:

T1. $\alpha = \alpha$;

T2. if $\alpha = \beta$, then $\beta = \alpha$;

T3. if $\alpha = \beta$ and $\beta = \gamma$, then $\alpha = \gamma$.

These propositions are for the most part obvious. Thus T4 ...

We have thus shown that if the operations with classes are symbolized in the above fashion, we obtain an algebra similar to our ordinary algebra of numbers. The similarity becomes more striking if we introduce the "exclusive" either-or. Set $\alpha + \beta$ ... by definition, i.e. $\alpha + \beta$ is the class ...

In most contexts, if $\alpha = \beta$, then "α" may be substituted for "β" at any point without changing the truth or falsity of the statement.

statement.

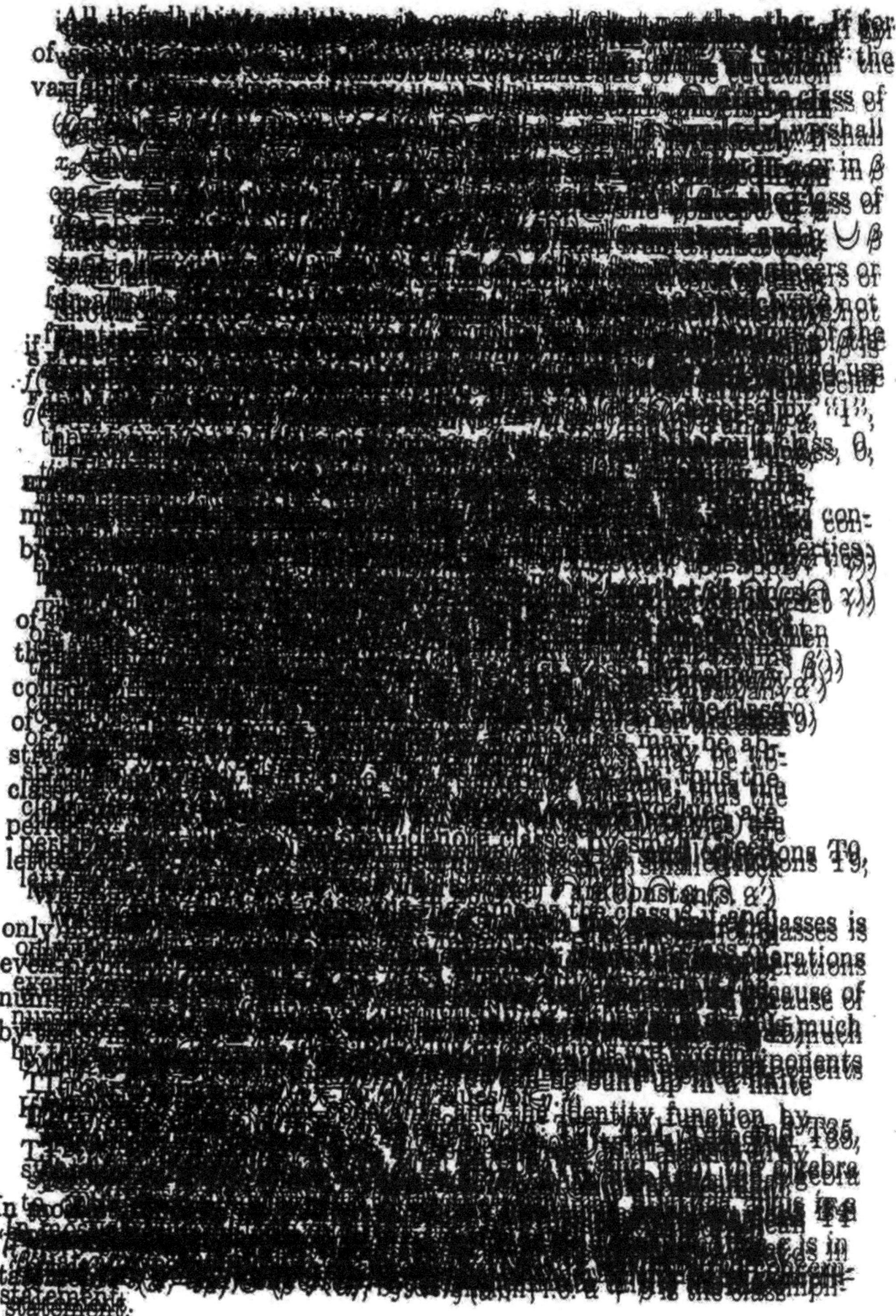

Piu E Meno

Piu E Meno

Più di meno via più di meno fa meno.
Più di meno via meno di meno fa più.
Meno di meno via più di meno fa più.
Meno di meno via via meno di meno fa meno.

Beats

Bat

Stoltenberg (Aus) bat Rafter (Aus/4) 6-4 2-6 6-3 6-2. Safin (Rus) bat Kuerten (Bré/8) 3-6 7-6 (7-5) 3-6 6-1 6-4. Chang (EU/11) bat Van Lottum (Hol) 7-5 6-2 3-0 abandon. Corretja (Esp/14) bat Vincente (Esp) 6-3 6-2 6-3. Berasategui (Esp/16) bat Solves (Fr) 6-3 3-6 6-3 6-4. Hrbaty (Slq) bat Viloca (Esp) 6-3 6-3 6-3. Clavet (Esp) bat Delaitre (FR) 6-2 6-4 6-7 (4-7) 6-1. Gustafsson (Su) bat Prinosil (All) 6-4 6-3 6-7 (9-11) 6-1. Vacek (Tch) bat Gambill (EU) 6-4 2-6 7-5 7-6 (7-0). Gumy (Arg) bat Pozzi (It) 6-2 6-3 3-6 5-7 11-9. 3e tour : Knippschild (All) bat Van Herck (Be) 2-6 0-6 7-6 (8-6) 6-4 6-2. Rios (Chili/3) bat Ferreira (AfS) 6-1 3-3 abandon. Moya (Esp/12) bat llie (Aus) 6-2 7-6 (7-1) 6-3. Costa (Esp/13) bat Ulihrach (Tch) 6-3 6-3 6-0. Mantilla (Esp/15) bat Santoro (Fr) 4-6 6-2 6-2 7-5. Meligeni (Bré) bat Woodbridge (Aus) 7-5 6-3 6-2. Muster (Aut) bat Van Garsse (Bel) 6-2 4-6 7-6 (7-3) 6-2. Delgado (Par) bat Sargsian (Arm) 2-6 7-6 (7-4) 6-4 7-6 (9-7).
Sehnyder (S) bat Halard-Decugis (Fr) 6-3 3-6 6-1. Majoli (Cro/10) bat Zvereva (Bié) 6-3 6-4. Diaz-Oliva (Arg) bat Park (CDs) 6-2 6-2. Farina (It) bat Kruger (AfS) 6-4 3-6 6-0. 3e tour : Hingis (S/1) bat Habsudova (Slq) 6-3 6-2. Novotna (Tch/3) bat Tatarkova (Ukr) 6-3 7-6 (7-5). Seles (EU/6) bat Schwartz (Aut) 6-1 7-5. V. Williams (EU/8) bat Dechaume-Balleret (Fr) 6-2 6-1. Kournikova (Rus/13) bat Carlsson (Su) 6-0 6-0. Nagyova (Slq) bat Dechy (Fr) 7-6 (7-5) 3-6 6-1. Rubin (EU) bat Saeki (Jap) 6-3 6-4. Smashnova (Isr) bat Rittner (All) 1-6 6-4 6-1.

About Nuclear Powers

À propos de puissances nucléaires

Nombre d'essais nucléaires:

États-Unis	:	1032
Roy-Uni	:	45
France	:	210
Russie	:	715
Chine	:	45
Inde	:	5
Pakistan	:	5

Nombre de vecteurs nucléaires:

États-Unis	:	1186
Roy-Uni	:	64
France	:	124
Russie	:	1395
Chine	:	79
Inde	:	65
Pakistan	:	15-25

Portée des missiles (en km):

États-Unis	:	13 000
Roy-Uni	:	12 000
France	:	6 000
Russie	:	11 000
Chine	:	8 000
Inde	:	2500
Pakistan	:	1500

Monostich

Monostique

http://www.lemonde.fr

Exchange Rates

Cours de change

Franc :	Cours Dollars : 5,99	Cours Écu : 6,61
	Cours Livre : 9,73	Cours Fr. S : 4,06
	Cours Florin : 2,98	Cours Yen : 4,32
	Cours Lire : 0,34	Cours DM : 3,35
DM :	Cours Dollars : 1,79	Cours Écu : 1,97
	Cours Livre : 2,90	Cours Fr.S : 1,20
	Cours Florin : 0,89	Cours Yen : 0,13
	Cours Lire : 0,99	Cours DM : ...
Lire :	Cours Dollars : 1760	Cours Écu : 1941,45
	Cours Livre : 2858,01	Cours Fr.S : 1185,58
	Cours Florin : 874,24	Cours Yen : 1266,19
	Cours Lire : ...	Cours DM : 985,17
Yen :	Cours Dollars : 138,95	Cours Écu : 153,33
	Cours Livre : 225,71	Cours Fr.S : 93,63
	Cours Florin : 69,03	Cours Yen : ...
	Cours Lire : 7,90	Cours DM : 77,81
Florin :	Cours Dollars : 2,01	Cours Écu : 2,22
	Cours Livre : 3,27	Cours Fr.S : 1,36
	Cours Florin : ...	Cours Yen : 1,45
	Cours Lire : 0,11	Cours DM : 1,13
Fr.S. :	Cours Dollars : 1,48	Cours Écu : 1,64
	Cours Livre : 2,41	Cours Fr.S : ...
	Cours Florin : 0,74	Cours Yen : 1,07
	Cours Lire : 0,08	Cours DM : 0,83
Livre :	Cours Dollars : 0,62	Cours Écu : 0,68
	Cours Livre : ...	Cours Fr.S : 0,41
	Cours Florin : 0,31	Cours Yen : 0,44
	Cours Lire : 0,03	Cours DM : 0,34
Écu :	Cours Dollars : 0,91	Cours Écu : ...
	Cours Livre : 1,47	Cours Fr.S : 0,61
	Cours Florin : 0,45	Cours Yen : 0,65
	Cours Lire : 0,52	Cours DM : 0,51
Dollar :	Cours Dollars : ...	Cours Écu : 1,10
	Cours Livre : 1,62	Cours Fr.S : 0,67
	Cours Florin : 0,50	Cours Yen : 0,72
	Cours Lire : 0,06	Cours DM : 0,56

List of Tourist Sites in France

Palmarès de fréquentation des sites touristiques en France

	En million de visiteurs :
Disneyland Paris	11,7
Centre Pompidou	8,2
Tour Eiffel	5,5
Musée du Louvre	5,0
Cité des Sciences	4,5
Château de Versailles	3,9
Futuroscope	1,0
Parc Borély	1,6
Aquaboulevard	0,4
Musée d'Orsay	2,7
Parc Astérix	1,4
Parc Marineland	0,8
Jardin d'acclimatation	1,4
Parc floral	1,1
Chemin de Fer de la Mer de Glace	0,9
Forêt de Fontainebleau	11,0
Cathédrale N.-D.	12,0
Puces de St-Ouen	11,0
Parc du Château de Versailles	7,0
Sacré-Cœur	6,0
N.-D. de Lourdes	5,5
Domaine National de St-Cloud	4,0
Rocher de Monte-Carlo	4,0
Parc de Miribel Jonage	3,5
Port et Vieille Ville de la Rochelle	2,0
Île d'Oléron	1,0
Mont-St-Michel	2,5
Village des Baux-de-Provence	2,5
Village de Riquewihr	1,5
Île de Ré	0,7

Plus, Minus, (to Mondrian)

Plus, Minus, (à Mondrian)

Plus, minus, minus, plus, minus, plus, plus, minus, minus, minus, plus, minus, plus, plus, plus, plus, minus, minus, plus, minus, plus, plus, plus, plus, minus, minus, minus, plus, minus, minus, minus, plus, minus, plus, plus, minus, plus, plus, minus, plus, plus, plus, minus, plus, plus, minus, minus, plus, minus, minus, minus, plus, minus, minus, plus, minus, plus, plus, plus, minus, plus, minus, plus, minus, minus, plus, plus, plus, plus, plus, plus, plus, minus, minus, plus, plus, minus, plus, plus, minus, plus, minus, minus, plus, minus, minus, plus, plus, minus, minus, plus, minus, plus, minus, plus, plus, plus, plus, plus, plus, minus, minus, plus, plus plus, minus, plus, minus, plus, plus, minus, minus, plus, minus, plus, plus, plus, minus, minus, minus, minus, plus, minus, minus, plus, minus, minus, plus, minus, plus, minus, minus, plus, minus, minus, plus, plus, minus, plus, plus, plus, plus, plus, plus, plus, plus, plus, plus, minus, plus, minus, minus, plus, minus, minus, plus, plus, minus, minus, minus, plus, minus, plus, plus, minus, minus, minus, minus, minus, minus, plus, minus, minus, plus, plus, minus, plus, plus, minus, plus, plus, minus, plus, minus, plus, minus, minus, plus, minus, plus, minus, minus, plus, minus, plus, minus.

About Neurosis

For example

Neurosis of abandonment in which anxiety of abandonment and insecurity predominate?
The etiology of which would be preoedipal?
Without having been the victim of abandonment during childhood?
The subject of which has been termed "abandonic"?

For example

Neurosis of abandonment as an isolated, differentiated form of illness:

- from the symptomatic point of view of neurasthenia (chronic anxiety of expectation, panic attacks, or: somatic equivalent);
- from the etiological point of view of hysteria (current neurosis characterized by: accumulation of sexual excitation becoming a symptom devoid of psychological mediation).

For example

Character neurosis as a defensive conflict is not manifested by the formation of clearly isolatable symptoms.
But rather:

- by character traits;
- modes of behavior;
- a pathological organization of the whole of the personality.

For example

Failure neurosis:

- as a psychological structure of a whole variety of subjects;
- from those who, in a general way, seem to be the artisans of their own misfortunes;
- and those who cannot bear to obtain the very thing that they had appeared to desire the most ardently.

À propos de névrose

Par exemple

La névrose d'abandon où prédomine l'angoisse d'abandon et le besoin de sécurité ?
Dont l'étiologie serait pré-œdipienne ?
Sans abandon subi dans l'enfance ?
Dont le sujet est nommé « abandonnique » ?

Par exemple

La névrose d'angoisse comme type de maladie isolée et différenciée :

- du point de vue symptomatique de la neurasthénie (attente anxieuse chronique, accès d'angoisse, ou : équivalent somatique);
- du point de vue étiologique de l'hystérie (névrose actuelle caractérisée par : accumulation d'une excitation sexuelle se transformant en symptôme sans médiation psychique).

Par exemple

La névrose de caractère comme conflit défensif ne se traduit pas par la formation de symptômes nettement isolables.
Mais plutôt :

- par des traits de caractère;
- des modes de comportement;
- une organisation pathologique de l'ensemble de la personnalité.

Par exemple

La névrose d'échec :

- comme structure psychologique de toute une gamme de sujets ;
- depuis ceux qui paraissent de façon générale, être les artisans de leur propre malheur ;
- et ceux qui ne peuvent pas supporter d'obtenir précisément ce qu'ils paraissent désirer le plus ardemment.

For example

Fate neurosis:

- as a form of existence characterized by a periodic recurrence of identical chains of—generally unfortunate—events;
- as if willed by some external fate;
- to be found in the unconscious;
- to be found in the compulsion to repeat.

For example

Transference neurosis as nosographically a category of neurosis distinguished from the narcissistic neuroses within the group of psychoneuroses:

- here, the libido is always displaced
    - onto real objects;
    - onto imaginary objects;
    - instead of being withdrawn from these onto the ego.

As an artificial neurosis into which the manifestations of the transference become organized:

- it is a new edition of the clinical neurosis;
- its elucidation leads to the uncovering of the infantile neurosis.

Par exemple

La névrose de destinée :

- comme forme d'existence caractérisée par un retour périodique d'enchaînements identiques d'événements généralement malheureux ;
- comme soumis à une fatalité extérieure ;
- à rechercher dans l'inconscient ;
- à rechercher dans la compulsion de répétition.

Par exemple

La névrose de transfert comme catégorie de névrose, au sens nosographique distinguée des névroses narcissiques au sein des groupes des psychonévroses :

- ici, la libido est toujours déplacée
    - sur des objets réels ;
    - sur des objets imaginaires ;
    - au lieu d'être retirée de ceux-ci sur le moi.

Comme névrose artificielle où s'organisent les manifestations de transfert :

- elle est une nouvelle édition de la névrose clinique ;
- son élucidation conduit à la découverte de la névrose infantile.

About Destructive Plasticity

The destruction lying at the heart of the analysis
Forming a new personality resulting from that destruction...
Subject of questioning...
???
But: lesional injuries...
Dark consequences for identity...
Contingents!
Due to chance?
Without existential possibilities of the "self".
So:
Metamorphosis of identity through destruction
Annihilating metamorphosis
Destruction as accident
As eventuality?
Biological and ontological fate:
Death!

À propos de plasticité destructive

La destruction située au cœur de l'analyse
Formation d'une nouvelle personnalité résultante de cette destruction...
Objet d'interrogation...
???
Mais : dommages lésionnels...
Conséquences noires sur l'identité...
Contingentes !
Dues au hasard ?
Sans possibilités existentielles du « soi ».
Alors :
Métamorphose d'identité par destruction
Métamorphose anéantissante
Destruction comme accident
Comme éventualité ?
Destin biologique et ontologique :
La mort !

Subject of Reflection

Concerning:
The fundamental differences between classical dynamics and quantum theory.
The "individual" description in terms of a wave function.
More exactly...
The cracks of temporal symmetry and their "irreducibility" to individual description in terms of wave function.
Statistical description in terms of the distribution of probability.
The types of quantum GPS that offer us a new statistical formulation of quantum mechanics.
The reduction of the wave function that can become irreversible.
The dualistic structure of quantum mechanics.
A second type dynamic process associated with the reduction of the wave function.
The "nonlocality" characteristic of quantum mechanics.
The incorporation of the wave aspect of matter that leads to a form of "nonlocality."
That "X mystery" that characterizes the dualistic structure, of quantum theory, of its incompleteness.

Sujet de réflexion

Concernant :
Les différences fondamentales entre dynamique classique et théorie quantique.
La description « individuelle » en terme de fonction d'onde.
Plus précisément...
Les brisures de symétrie temporelle et de leur « irréductibilité » à la description individuelle en terme de fonction d'onde.
La description statistique en termes de distribution de probabilité.
Les GPS quantiques qui nous proposent une nouvelle formulation statistique de la mécanique quantique.
La réduction de la fonction d'onde qui peut devenir irréversible.
La structure dualiste de la mécanique quantique.
Un second type de processus dynamique associé à la réduction de la fonction d'onde.
La « non-localité » caractéristique de la mécanique quantique.
L'incorporation de l'aspect ondulatoire de la matière qui conduit à une forme de « non-localité ».
Ce « mystère X » qui caractérise la structure dualiste, de la théorie quantique, de son incomplétude.

Model of Analysis: Complex Sentences

A complex sentence includes at least one independent clause, and one or more dependent clauses. It also includes at least one subordinating conjunction. Let us consider the following example:

My opinion is that you are right.

Simple analysis of the sentence:

C_1: My opinion is: main clause (in relation to C_2).
C_2: that you are right: subordinate clause that functions as the complement of the predicate is.

Complete analysis of the sentence:

C_1: My opinion is: main clause

my: pronoun; possessive; 1st person singular.
opinion: common noun, singular, subject.
is: copula verb; 3rd person singular; present tense, indicative mood, active voice.

C_2: that you are right: subordinate clause.

that: conjunction, invariable.
you: pronoun, 2nd person singular, subject.
are: copula verb, 2nd person, present tense, indicative mood, active voice.
right: adjective; attributive.

Modèles d'analyse

Mon avis est que vous avez raison.

Simple distinction des propositions :

Mon avis est : propos. principale.
Que vous avez raison : propos. subordonnée ; attribut de avis ; introduite par la conjonction que.

Analyse complète de la phrase :

Base de la phrase : est. Verbe copule être, indic. prés., 3ème pers. sing.
Groupe du sujet : mon avis.
Centre : avis. Nom commun, masc. sing.
Déterminatif : mon. Adj. poss., masc. sing., 1ère pers., se rapporte à avis.
Propos. attribut : que vous avez raison.
Base de la propos. : avez raison. Locution verbale avoir raison, intrans., indic. prés. 2ème pers. plur.
Conj. de subordin. : que, unit la propos. à la base de la phrase est .
Sujet : vous. Pron. pers. 2ème pers. masc. (ou fém.) plur.

Compound and Juxtaposed Sentences

Compound sentences

A compound or coordinated sentence consists of two or more main clauses. These independent clauses are linked by conjunctions such as: for, or, nor, yet, so, and, but, both... and, neither... nor, either... or, either... or, not only... but also. Consider the examples in 1-3:

1. Men are restless and God leads them.
2. I said and I repeat that work is a treasure
3. I recommend that people work and that they persevere.

The examples in 1-3 are compound sentences. This is so because they all use the conjunction and to join the independent clauses 1-2 or subordinate ones 3. In 3, we have a combination of both a coordinate conjunction and with a subordinate conjunction that as a way to link various clauses in the whole sentence. So, it is clear that 1 is a conjunction of two independent clauses, whereas 2 illustrates the conjunction of two main clauses I said and I repeat followed by a subordinate clause that work is a treasure. The example in 3 illustrates a case of conjoined subordinate clauses that people work and that they persevere. So, an example like 3 will be analyzed as follows:

3. I recommend that people work and that they persevere.

   1. I recommend: main clause.
      I: pronoun; first person singular; subject.
      recommend: verb; transitive; present tense, 1st person singular, indicative mood, active voice.
   2. that people work: first subordinate clause.
      that: conjunction; invariable.
      people: common noun; plural; subject.
      work: verb, transitive; 1st person singular; present tense; subjunctive mood; active voice.
   3. that they persevere: second subordinate clause.
   4. that: conjunction; invariable.
   5. they: pronoun; third person plural; subject.
   6. persevere: verb, transitive; third person plural; present tense; subjunctive; active voice.

Les Propositions coordonnées et juxtaposées

Principes

Les propositions de même nature peuvent, dans la phrase, être associés par coordination ou par juxtaposition.

a) Sont dites coordonnées les propositions de même nature qui sont liées entre elles par une conjonction – qui est une conjonction de coordination.

Indépendantes coordonnées

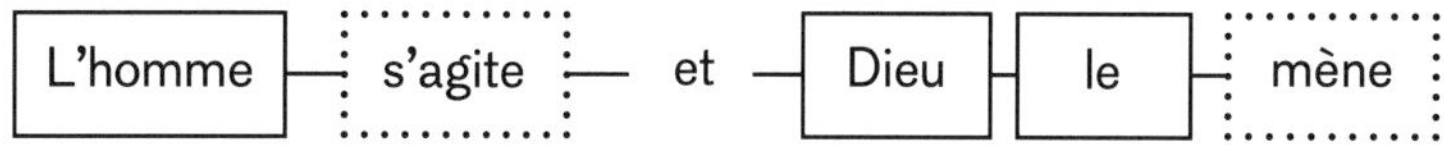

Principales coordonnées

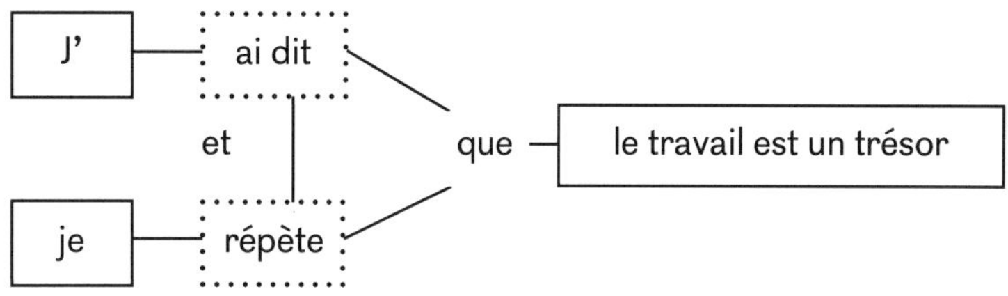

Subordonnées coordonnées

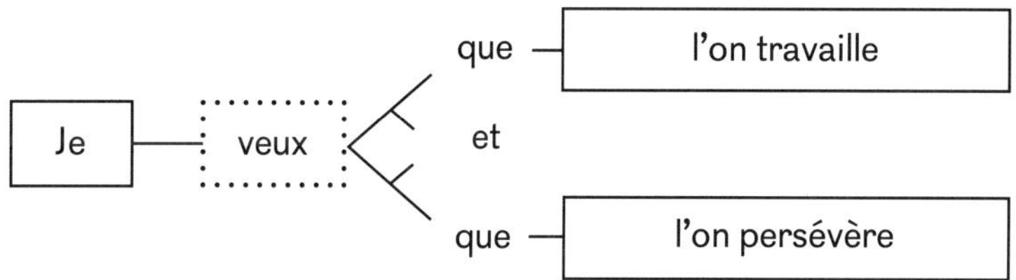

I. Subordonnée par rapport à la principale dont elle dépend, mais principale par rapport à la proposition qu'elle a dans sa dépendance.

b) Sont dites juxtaposées les propositions de même nature qui, dans une même phrase, sont placées l'une à côté de l'autre, sans l'aide d'une conjonction :

Again, we can syntactically illustrate the example in 3 as follows:

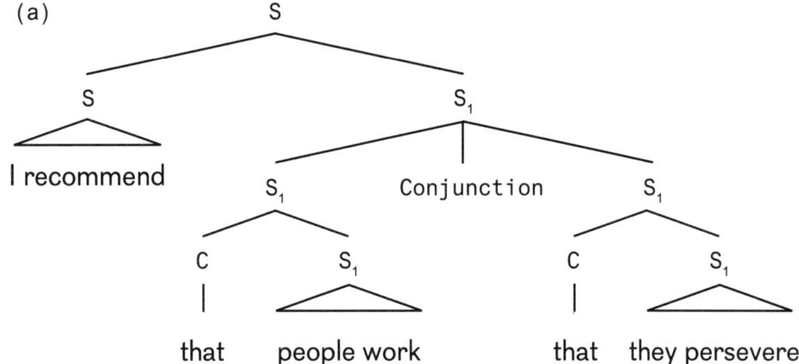

As we can see in the above diagram, that people work and that they persevere are conjoined embedded (subordinate) clauses both dominated by the superordinate clause I recommend.

Juxtaposed sentences

Two clauses are claimed to be juxtaposed in a sentence when they occur next to each other without any conjunction to link them as illustrated in 4-6.

4. Men are restless, God leads them.
5. I have said, I repeat that work is a treasure
6. I recommend that people work, that they persevere.

It is important to keep in mind that an independent clause can be linked to the main clause (or vice versa) either by coordination or by juxtaposition. The examples in 4-6 differ from those in 1-3 only because of the lack of any coordinating conjunction.

Indépendantes juxtaposées

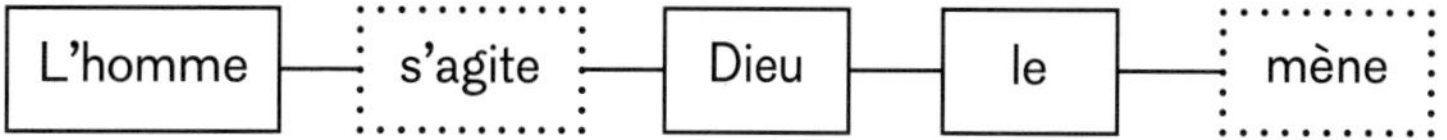

Principales juxtaposées

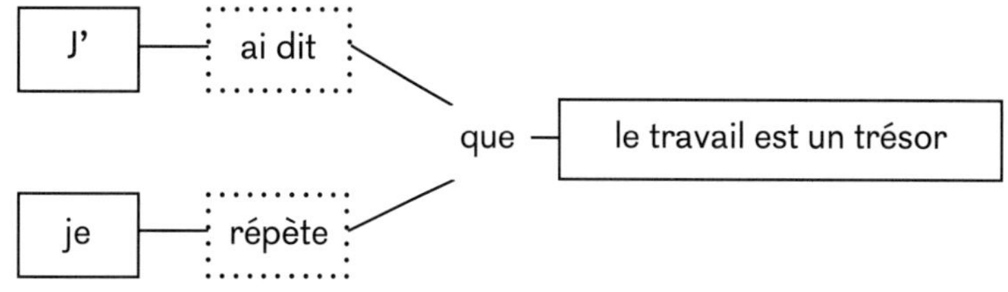

Subordonnées juxtaposées

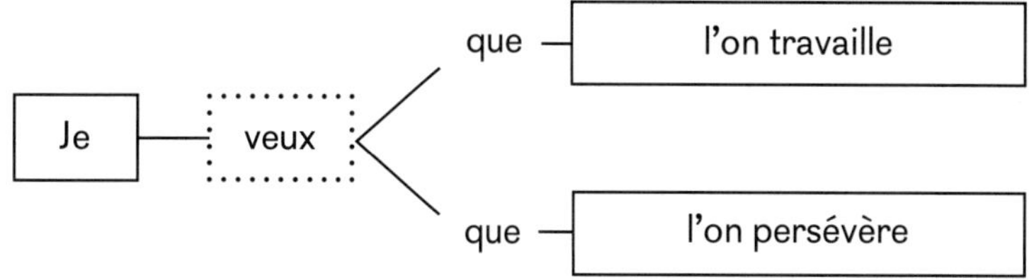

Remarque – Une proposition indépendante peut être associée à une principale (ou vice versa) soit par coordination, soit par juxtaposition.

Distributional Properties of French Que

The distributional properties of French que in a sentence are very puzzling. Only the context dictates its appropriate interpretation. The following examples illustrate the environments where que normally occur. We offer a discussion of different interpretations of que to show its different surface phonetic forms based on whether it occurs in subject position or in object position:

A relative pronoun

Que may function as a relative pronoun. In that case, it describes the preceding noun in such a way that distinguishes it from the other nouns of the same class in the sentence as in 1.

1. The time that we are wasting will not be recovered. (Le temps que nous perdons ne se retrouvera plus).

As can be observed in 1, the relative pronoun that stands for its antecedent the time. But we need to clarify the distinction between the different instances of que as relative pronoun. For instance, depending on whether que stands for people or things, it will have different forms when translated into English. Consider the following examples:

2. The man who/whom I saw is intelligent
3. The man that I saw is intelligent
4. The man I saw is intelligent

It is very interesting that all English relative pronouns such as who and whom in 2, that in 3 and a zero morpheme in 4 all translate as que in French. French que in the above examples can be referred to as a 'wh-restrictive relative pronoun'.

Interrogative pronoun

French que can be interpreted as an interrogative pronoun. Let us consider how it works to the following sentences:

5. What did the mother tell her kid?
6. I don't know what to say.

As can be observed in 5-6, the interrogative pronoun what corresponds to French que.

Différentes valeurs de que

Principes

Que peut être :

1. Pronom relatif :
Les heures que nous perdons ne se retrouveront plus.

2. Pronom interrogatif :
Que dit le vent dans la ramure ?
Je ne sais que répondre.

3. Conjonction :
L'expérience a toujours montré que l'oisiveté avilit.
Il faut que l'on travaille.
Je vous informe que votre requête a été admise.
Que ceci serve de leçon ! (Rem. 2.)
Que cet enfant fasse le moindre excès, il est malade.
Pierre est plus studieux que son frère.
Si cet homme tombe malade et qu'il meure, sa famille sera dans la misère.
Puisque vous avouez votre faute et que vous la regrettez, je vous pardonne.
Ôte-toi de là, que je m'y mette, dit l'égoïste.

4. Adverbe :

a) de quantité :
Que de gens ne se connaissent pas eux-mêmes !
ou d'intensité :
Que vous êtes joli ! que vous me semblez beau ! dit le renard au corbeau.

b) interrogatif :
Que [= pourquoi ?] ne le disiez-vous plus tôt ? Que ne puis-je vous suivre !
ou exclamatif :
Que [= à quoi, en quoi] vous sert d'être puissant si vous n'avez pas la sagesse ?

Conjunction

Que can function as a conjunction. In that case, it surfaces as the head of a complement clause. Generative syntacticians will refer to que is that function as a "complementizer".

7. It is important that the children finish their homework
8. It is important that I work hard.
9. The experience shows that not working makes you bitter.
10. I inform you that your inquiry was approved.
11. I hope that this can serve you as a lesson.
12. Given that you acknowledged your mistake and that you regret it, I forgive you.
13. Go away from there, so that I can take that place, said the selfish man.

An adverb

a) Quantity or intensity:

14. What a beautiful girl!
15. How is it that people do not know themselves!

b) Interrogative or exclamation:

16. What were you saying earlier?
17. What is the point of being powerful if you don't have any wisdom?

Description and Analyse of BOTH

Description et analyse de BOTH

"Do you remember," she said, as I came walking up to her, "how you used to say this well was haunted ?"
"Yes, I remember."
We both peered over the side.
"Mother always told me (...)."

Kazuo Ishiguro, *A Family Supper*
Ed. Deborah Rodgers Ltd., 1982

Point étudié
BOTH

We both peered over the side.

Description
Le quantifieur BOTH suit ici le pronom personnel sujet de première personne du pluriel We.

Analyse
BOTH renvoie à un ensemble composé de deux éléments et sert, plus précisément, à unifier cet ensemble. Dans un premier temps, le pronom We lui-même reprend, sans les différencier, les deux pronoms she et I dont les référents (distincts) ont été identifiés dans le contexte gauche : il s'agit de deux jeunes adultes, dont il est dit à la page précédente : Despite our difference in years, my sister and I had always been close, et qui se retrouvent après un long séjour aux États-Unis ; entre-temps la mère est morte. We peered over the side serait de ce point de vue à la fois acceptable et non ambigu, renvoyant bien à she and I.

En recourant à BOTH, l'énonciateur fusionne quantitativement (mais le pronom we a ici déjà rempli cet office) et surtout qualitativement ces deux occurrences : « Nous sommes deux (valeur quantitative – ici au second plan en raison de We), et nous ne distinguons pas (indifférenciation qualitative des deux occurrences, cf. had always been close). Toute altérité se trouve désormais lissée. Une fois posée par We, l'existence quantitative de l'ensemble des deux éléments, BOTH a pour fonction d'homogénéiser cet ensemble pour insister sur la similitude des deux comportements, dans un passage où il est question de souvenirs d'enfance communs, et de la complicité entre le frère et la sœur.

The Direct Object Complement (DOC)

The direct object complement can be defined as a word or group of words that immediately follow the verb without any preposition to complete the meaning of the clause by indicating who or what the action is taken place on. The direct object is the argument that immediately follows the main predicate in a clause.

This description can be visualized in the figure:

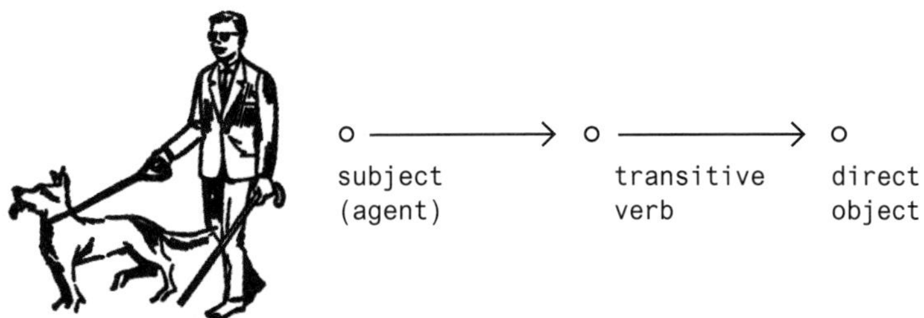

Consider the following example:

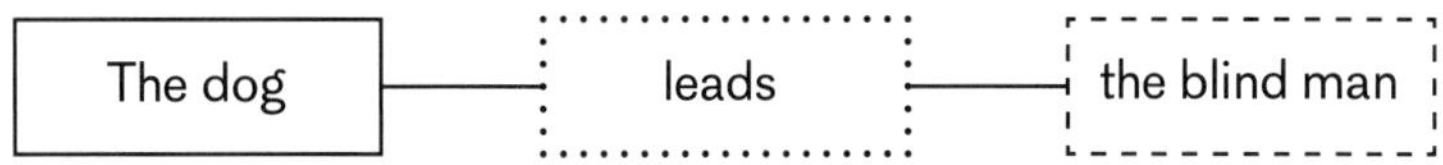

The verb leads is a transitive verb which direct object complement is the noun phrase the blind man. So we claim that the noun phrase the blind man functions here as a direct object complement as opposed to the noun phrase the dog that actually functions as a subject.

Le Complément d'objet direct (COD)

Le complément d'objet direct est le mot ou groupe de mots qui se joint au verbe sans préposition pour en compléter le sens en marquant sur qui ou sur quoi passe l'action ; il désigne la personne ou la chose à laquelle aboutit, comme en ligne droite, l'action du sujet.

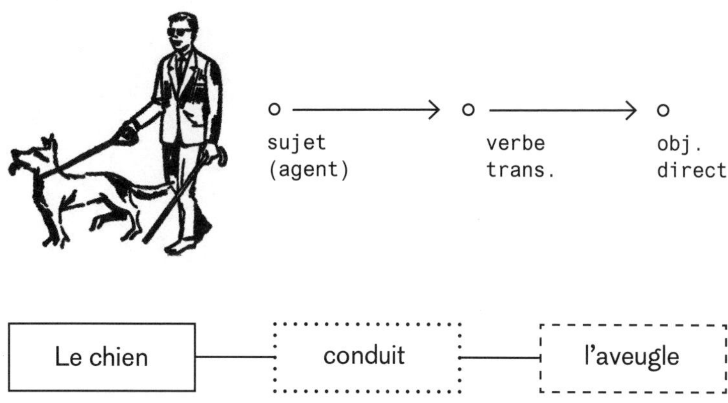

The Indirect Object Complement (IOC)

The Indirect Object Complement can be characterized as a word or group of words that are linked to the main verb indirectly by a preposition to complete its meaning. It does so by indicating on whom or what the action is taking place; sometimes it indicates the beneficiary of the action described by the verb. One very crucial note about indirect objects to keep in mind is that they automatically come after a direct object of the verb and may not necessarily be preceded by a preposition as shown in 1-2. Let us consider the following examples:

1. This child listens to his parents
2. This child obeys his parents

In terms of the discussion of indirect object in the literature, we have to be reminded that an indirect object entails that there is a direct object involved in the sentence. In which case, the licensing of the preposition is rendered optional. The fact that the Noun Phrase (NP) his parents in 3-7 can still function as an indirect object naturally shows that the presence of an overt preposition is not mandatory. It is therefore safe to claim that an indirect object follows a direct object in a double object construction regardless of whether a preposition is selected or not.

Although the above discussion has considerable explanatory power, we still have to account for other instances of apparent double object construction cases where the direct object is clearly omitted. Keep in mind that the preposition here clearly satisfies the criteria for the complements previously discussed. Thus, in the following examples:

3. The patient worries about his health
4. I am giving some bread to the poor
5. The child listens to his parents
6. Government officials protested against the Prime Minister
7. The student body complained over the new evaluation measures

All the above examples contain a preposition that dominates the noun phrases that function as an indirect object complement. It is crucial to keep in mind that the double object construction is a complex grammatical structure. The syntactic order between the direct object and the indirect object is not fixed, the licensing of the preposition can be overt or covert, and our explanation needs to account for those facts. If we consider the examples in 8 and 9:

8. The waiter gave his boy a toy
9. The waiter gave a toy to his boy

Le Complément d'objet indirect (COI)

Principes

Le complément d'objet indirect est le mot ou groupe de mots qui se joint au verbe par une préposition pour en compléter le sens en marquant, comme par bifurcation, sur qui ou sur quoi passe l'action ; parfois il indique l'être à l'avantage ou au désavantage de qui l'action se fait.

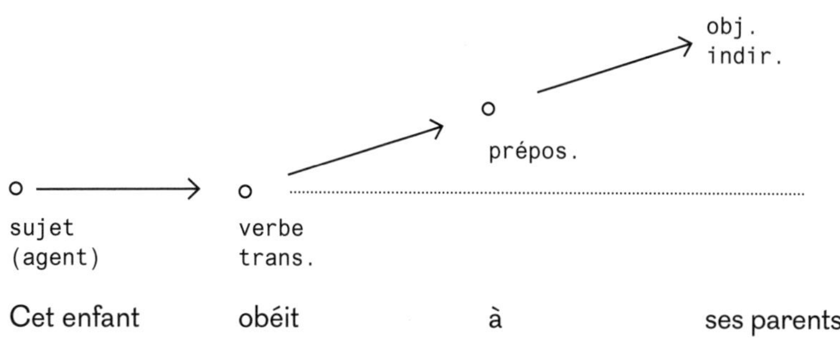

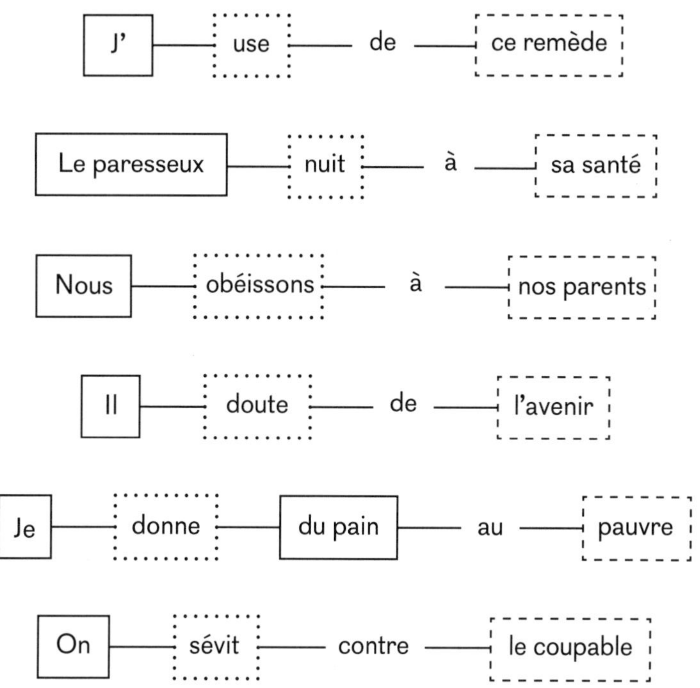

Remarques

1. Le pronom leur est toujours objet indirect.

2. Les pronoms compléments d'objets indirects me, te, se, avant le verbe – moi, toi, soi, après un impératif, nous, vous, lui, leur, avant ou après le verbe — se présentent sans préposition (le nom auquel ces pronoms correspondraient serait, comme objet indirect, construit avec une préposition). Même observation pour dont, objet indirect.

Both examples in 8 and 9 have the noun phrase his boy functioning as an indirect object regardless of whether it immediately following the predicate gave as in 8 or comes immediately after the preposition to as in 9. How can these uses be explained? We assume following Rodney Huddleston (1984: 205-206) that prepositions "are in paradigmatic contrast with expressions belonging to other classes: particles." An interesting way to account for this is to look at the look at the discussion of "oriental metaphors" that are relevant to the description of locative expression (See Lakoff and Johnson, 1980: 15). For example, when people talk about power dynamics in the administration, we usually hear them claim that the boss "has control over his employees, the army is under the commander's control, the president is on top of the situation," etc). It is therefore very important to keep in mind that the direct object construction has a more elaborated internal structure. Thus, the example in 5 will be illustrated as follows:

10

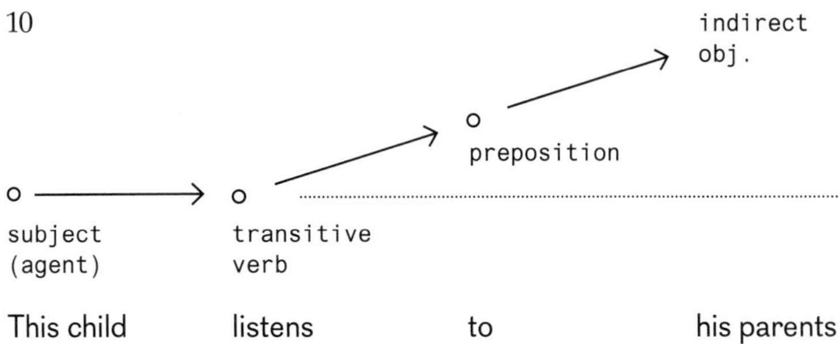

Syntactically, 4-8 will have the following representation

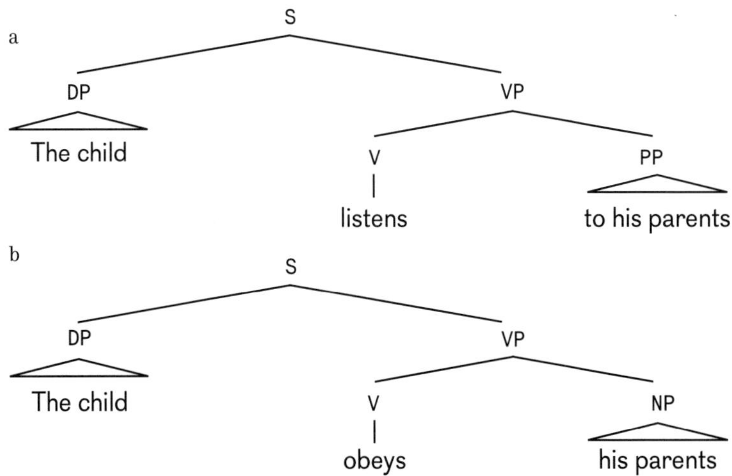

As we can see in the figures in a and b, the only difference between the phrases to his parents and his parents is the nature of the functional categories they project. These functional projections are the Prepositional Phrase (PP) and the Noun Phrase (NP) respectively as shown in the diagrams above.

Analysis: Relative Clauses

A compound complex sentence is the combination of a compound sentence and a complex sentence. In other words, any sentence that includes both dependent and independent clauses is a compound complex sentence.

I would love a small garden where carnations and nasturtiums mix colors and which would be visited by finches.

C_1: I would love (to have) a small garden: the main clause.

- I: pronoun; 1st person; subject.
- would: modal; conditional.
- love: main verb; transitive; conditional; active voice.
- a: determiner; indefinite; singular.
- small: adjective; attributive; attributive.
- garden: common noun; singular; direct object.

C_2: where carnations and nasturtiums would mix their colors: relative clause; locative adverb.

- where: adverb, invariable.
- carnations: common noun; plural; subject.
- and: conjunction; invariable.
- nasturtiums: common noun; plural; subject.
- mix: verb; 3rd person plural; present tense; indicative, active voice.
- their: possessive pronoun; third person plural.
- colors: common nouns; plural; direct object.

C_3: and which would be visited often by finches: relative clause.

- and: conjunction; invariable.
- which: relative pronoun; plural.
- would: modal; present; conditional; active voice.
- be: copular verb; conditional; active voice.
- visited: verb; past participle (gerund).
- often: adverb; invariable.
- by: preposition; invariable.
- finches: common noun, plural, indirect object.

Analyse : subordonnées relatives

Je souhaiterais un petit jardin, où les œillets et les capucines mêleraient leurs couleurs, et que fréquenteraient les pinsons.

Base de la phr. : souhaiterais. Vb souhaiter ; trans. dir. ; voix act. ; condit. prés. ; 1ère pers. sing.

Suj. : je. Pron. pers. ; 1ère pers. ; masc. (ou fém) sing.

Groupe de l'obj. dir. : un petit jardin, ou les œillets et les capucines mêleraient leurs couleurs, et que fréquenteraient les pinsons.

Centre : jardin. Nom comm. ; masc. sing.
Déterminatif : un. Art. indéf. ; masc. sing. ; se rapp. à jardin.
Épith. : petit. Adj. qual. ; masc. sing. ; se rapp. à jardin.

1ère prop relative, c. explic. de jardin. : où les œillets et les capucines mêleraient leurs couleurs.

Base de la prop. : mêleraient. Vb. mêler ; trans. dir. ; voix act. ; condit. prés. ; 3ème pers. plur.
Groupe du suj. : les œillets et les capucines.
1er suj. partiel : les œillets.
Centre : œillets. Nom comm. ; masc. plur.
Déterminatif : les. Art. déf. ; fém. plur. ; se rapp. à œillets.
2ème suj. partiel : les capucines.
Centre : capucines. Nom comm. ; fém. plur.
Déterminatif : les. Art. déf. ; fém. plur. ; se rapp. à capucines.
Conj. de coord. : et. Unit les deux suj. partiels.
C. circ. de lieu : où. Pron. rel. ; antéc. jardin ; 3ème pers. ; masc. sing.
Groupe de l'obj. dir. : leurs couleurs.
Centre : couleurs. Nom comm. ; fém plur.
Déterminatif : leurs. Adj. poss. ; fém. plur. ; renvoie à œillets et à capucines ; se rapp. à couleurs.

2ème prop. relative, c. explic. de jardins : que fréquenteraient les pinsons.

Base de la prop. : fréquenteraient. Vb. fréquenter ; trans. dir. ; voix act. ; condit. prés. ; 3ème pers. plur.
Groupe du suj. : les pinsons.
Centre : pinsons. Nom comm. ; masc. plur.
Déterminatif : les. Art. déf. ; masc. plur. ; se rapp. à pinsons.
Obj. dir. : que. Pron. rel. ; antéc. jardin. ; 3e pers. ; masc. sing.
Conj. de coord. : et. Unit les deux prop. relatives.

Analyze All the Words in the Following Sentence

Whoever is careless with the truth in small matters cannot be trusted with important affairs.

This is what is referred in the literature as a fused relative construction. It can be analyzed as follows:

1. Whoever is careless with the truth in small matters cannot be analyzed as relative clause, but rather as the relative construction the person who is careless with the truth in small matters.

Whoever: demonstrative pronoun; singular; subject.
is: copula verb; active voice; present indicative; third person singular, base of the relative construction.
careless: adjective; attributive.
with: preposition; invariable.
the: determiner; indefinite.
truth: common noun; singular; direct object.
in: preposition; invariable.
small: adjective; attribute.
matters: common nouns; plural; indirect object.

2. cannot be trusted with important affairs: predicative complement.

can: modal; present; indicative; active voice.
be: copula verb; present; indicative; active voice.
not: negation adverb; invariable.
trusted: verb; participle (gerund).

Analysez tous les mots de la phrase suivante

Celui qui ne sait pas faire quelques efforts pour se corriger de ses défauts sera blâmé par tous les gens du cœur.

celui : pron. démonstr. ; masc. sing. ; suj. de sera blâmé.
qui : pron. rel. ; antec. : celui ; masc. sing. suj. de sait.
ne ... pas : loc. adv. de nég. ; compl. de sait.
sait : vb. savoir ; trans. dir. ; voix act. ; ind. prés. ; 3ème pers. sing. ; base de la prop.
faire : vb. faire ; trans. dir. ; voix act. ; inf. prés. ; o. dir. de sait.
quelques : adj. indéf.. ; masc. plur. ; dét. de efforts.
efforts : n. comm. ; masc. plur. ; o. dir. de faire.
pour : prép. ; unit le c. circ. se corriger au vb. faire.
se corriger : vb. se corriger ; inf. prés. ; c. circ. de but de faire.
de : prép. ; unit l'o. ind. défauts au vb. se corriger.
ses : adj. poss. ; masc. plur. ; 3ème pers. ; dét. de défauts.
défauts : n. comm. ; masc. plur. : o. ind. de se corriger.
sera blâmé : vb. blâmer ; trans. dir. ; voix pass. ; ind. fut. s. ; 3ème pers. sing. ; base de la phr.
par : prép. ; unit le c. d'ag. gens au vb. sera blâmé.
tous : adj. indéf. ; masc. plur ; dét de gens.
de : prép. ; unit le c. dét. cœur au nom gens.
cœur : n. comm. ; masc. sing. ; c. dét. de gens.

Analyze All the Words in the Following Sentence

Alas! If one focuses on his own misery, he will no longer have the necessary energy to capture the misfortune of others.

C_1: Alas! If one focuses on his own misery: main clause or conditional clause.

Alas: interjection; invariable.
If: conditional adverb; invariable.
one: indefinite pronoun; third person singular; subject; invariable.
focuses: intransitive verb; present tense of the indicative mood; 3rd person singular; active voice.
on: preposition; invariable.
his: possessive pronoun, 3rd person singular, variable.
own: pronoun, singular, variable.
misery: common noun; singular; indirect object.

C_2: he will no longer have the necessary energy to capture the misfortune of others.

he: pronoun; 3rd person singular; subject.
will: modal verb; future tense; indicative mood; active voice.
no longer: adverb; invariable.
have: verb; transitive; 3rd person singular; indicative mood; active voice.
the: definite article; singular.
necessary: attributive adjective; singular.
energy: common noun; singular; direct object.
to: preposition; invariable.
the: definite article; plural.
of: preposition; invariable.
others: personal pronoun; 3rd person plural; complement of misfortune.

Analysez tous les mots de la phrase suivante

Hélas ! Si l'homme se tourne vers ses propres misères, il ne lui restera plus l'énergie nécessaire pour compatir aux douleurs d'autrui.

hélas : interj.
si : conj. de sub. ; unit la prop. sub. l'homme se tourne... à la base de la phr. restera.
l' : art. déf. élidé ; masc. sing. ; dét. de homme.
homme : n. comm. ; masc. sing. ; suj. de se tourne.
se : pron. pers. réfl. ; 3ème pers. ; masc. sing. ; o. dir. de tourne.
se tourne : vb. se tourner ; ind. prés. ; 3ème pers. sing. ; base de la prop. sub.
vers : prép. ; unit le c. circ. misères au vb. se tourne.
ses : adj. poss. ; fém. plur. ; 3ème pers. ; dét. de misères.
propres : adj. qual. ; fém. plur. ; épith. de misères.
il : pron. pers. ; 3ème pers. ; neutre sing. ; suj. apparent de restera.
ne... plus : l'oc. adv. de nég. ; compl. de restera.
lui : pron. pers. ; 3ème pers. ; masc. sing. ; o. ind. de restera.
l' : art. déf., élidé ; fém. sing. ; dét. de énergie.
énergie : n. comm. ; fém. sing. ; suj. réel de restera.
nécessaire : adj. qual. ; fém. sing. ; épith. de énergie.
pour : prép. ; unit le c. circ. compatir à l'adj. nécessaire.
compatir : vb. compatir ; trans. ind. ; inf. prés. ; compl. de l'adj. nécessaire.
aux : art. déf. contracté = à les
à : prépos. ; unit l'o. ind. douleurs à compatir.
les : art. déf. ; fém. plur. ; dét de douleurs.
douleurs : n. comm. ; fém. plur. ; o. ind. de compatir.
d' : prép. ; unit le c. dét. autrui au nom douleurs.
autrui : pron. indéf. ; masc. sing. ; c. dét. de douleurs.

Complete Analysis of the Sentence

It is good that we remember the saying that perseverance overcomes everything.

C_1: It is good: main clause.

It: indefinite pronoun; singular; neutral; subject.

is: copular verb; present tense; indicative mood; 3rd person singular.

good: adjective; attributive.

C_2: that we remember the saying: subordinate clause.

that: conjunction; invariable.

we: pronoun; first person singular; subject.

remember: transitive verb; present; indicative mood; active voice.

the: definite article; singular.

saying: common noun; singular; direct object.

C_3: that perseverance overcomes everything.

that: conjunction; invariable.

perseverance: common noun; singular; subject.

overcomes: transitive verb; present tense; third person singular; indicative mood; active voice.

everything: pronoun; invariable.

Analyse complète de la phrase

Il est bon que nous nous rappelions ce dicton que la persévérance vient à bout de tout.

Base de la phr. : est. Vb. copule être ; indic. prés. ; 3ème pers. sing.
Suj. app. : il. Pron. pers. ; 3ème pers. ; neutre sing. ; se rapp. à dicton.
Attrib. : bon. Adj. qual. ; neutre sing.
Prop. suj. réel. : que nous nous rappelions ce dicton que la persévérance vient à bout de tout.

> Base de la prop. : nous rappelions. Vb. se rappeler ; trans. dir. ; subj. prés. ; 1ère pers. plur.
> Conj. de sub. : qui. Unit la prop. à la base de la phr. est.
> Suj. : nous. Pron. pers. ; 1ère pers. ; masc. (ou fém.) plur.
> Groupe de l'obj. dir. : ce dicton que la persévérance vient à bout de tout.
>
> > Centre de l'obj. dir. : dicton. Nom comm. ; masc. sing.
> > Déterminatif : ce. Adj. démonstr. ; masc. sing. ; se rapp. à dicton.
> > Propos. en appos. : que la persévérance vient à bout de tout.
> > Base de la prop. : vient à bout. Loc. verb. venir à bout ; trans. ind. ; ind. prés. ; 3ème pers. sing.
> > Conj. de sub. : que. Unit la prop. au nom dicton.
> > Groupe du suj. : la persévérance.
> > Centre : persévérance. Nom comm. ; fém. sing.
> > Déterminatif : la. Art déf. ; fém sing. ; se rapp. à persévérance.
> > Obj. ind. : tout. Pron. indéf. ; neutre sing.
> > Prépos. : de. Unit l'o. ind. à la base vient à bout.

Analysis of the Nature of Each Sentence in a Text

English is a crazy language.

English is the most widely spoken language in the history of our planet, used in some way by at least one out of every seven human beings around the globe. Half of the world's books are written in English, and the majority of international telephone calls are made in English. English is the language of over sixty percent of the world's radio programs, many of them beamed, ironically, by the Russians, who know that to win friends and influence nations, they are best off using English. More than seventy percent of the international mails is written and addressed in English, and eighty percent of all computers text is stored in English. English has acquired the largest vocabulary of all the world's languages, perhaps as many as two million words, and has generated one of the noblest bodies of literature in the annals of the human race.

Richard Lederer (1989)

A traditional grammatical analysis of the above paragraph would proceed as follows:
1. Decomposition of the full sentence in clauses
2. Establishing the relationship between different clauses (subordinate, conjoined or independent clause).
3. Specification of the type of clause.
4. Decomposition of clauses in types of words.
5. Definition of the nature and function:
    a. words, and
    b. subordinate clauses.

We will limit ourselves only to the specification of the types of clauses in this discussion. We will underline each conjugated verb to signal the existence of a clause. The infinitive and the participle can only function as a clause if they have an overt subject noun or pronoun.

1. English <u>is</u> a crazy language: independent clause.

2. English <u>is</u> the most widely spoken language in the history of our planet, used in some way by at least one out of every seven human beings around the globe: independent clause.

3. Half of the world's books <u>are written</u> in English, and the majority of international telephone calls <u>are made</u> in English.

C_1: Half of the world's books <u>are written</u> in English: independent clause.

Analyse de phrase

Au pays des Esquimaux.

Nous arrivâmes à une contrée où le soleil ne se couchait plus. Pâle et élargi, cet astre tournait tristement autour d'un ciel glacé ; de rares animaux erraient sur des montagnes inconnues. D'un côté s'étendaient des champs de glace, contre lesquels se brisait une mer décolorée ; de l'autre s'élevait une terre hâve et nue, qui n'offrait qu'une morne succession de baies solitaires et de caps décharnés. Nous cherchions quelquefois un asile dans des trous de rochers, d'où les aigles marins s'envolaient avec de grands cris.

François-René de Chateaubriand (1851)

Analyse :

1. Nous arrivâmes à une contrée : prop. princ.
2. où le soleil ne se couchait plus : prop. sub. relat. ; c. dét. de contrée ; introd. par le pron. rel. où.
3. Pâle et élargi, cet astre tournait tristement autour d'un ciel glacé : prop. indép.
4. de rares animaux erraient sur des montagnes inconnues : prop. indép.
5. D'un côté s'étendaient des champs de glace : prop. princ.
6. contre lesquels se brisait une mer décolorée : prop. sub. relat. ; c. explic. de champs ; introd. par le pron. rel. lesquels précédé de la pre. contre.
7. de l'autre s'élevait une terre hâve et nue : prop. princ.
8. qui n'offrait une morne succession de baies solitaires et de caps décharnés : prop. sub. relat. ; c. explic. de terre ; introd. par le pron. rel. qui.
9. Nous cherchions quelquefois un asile dans des trous de rocher : prop. princ.
10. d'où les aigles marins s'envolaient avec de grands cris : prop. sub. relat. C. explic. de trous ; introd. par le pron. rel. où précédé de la prep. de.

C_2: The majority of international telephone calls are made in English: independent clause conjoined by the conjunction and.

4. English is the language of over sixty percent of the world's radio programs, many of them (are) beamed, ironically, by the Russians, who know that to win friends and influence nations, they are best off using English.

C_1: English is the language of over sixty percent of the world's radio programs: independent clause.

C_2: many of them (are) beamed, ironically: main clause (in relation to C_3).

C_3: by the Russians who know: relative clause.

C_4: that to win friends and influence nations: subordinate clause introduced by the conjunction that (in relation to C_3).

C_5: they are best off using English: subordinate clause (in relation to C_4).

5. More than seventy percent of the international mails is written and addressed in English, and eighty percent of all computers text is stored in English.

C_1: More than seventy percent of the international mails is written and addressed in English: independent clause.

C_2: and eighty percent of all computers text is stored in English: independent clause conjoined by the conjunction and.

6. English has acquired the largest vocabulary of all the world's languages, perhaps as many as two million words, and has generated one of the noblest bodies of literature in the annals of the human race.

C_1: English has acquired the largest vocabulary of all the world's languages, perhaps as many as two million words: independent clause.

C_2: and has generated one of the noblest bodies of literature in the annals of the human race: independent clause linked to the subject pronoun English by the conjunction and.

Study Topic: Interrogative, Indirect, Relative without Antecedent?

Point étudié : interrogative, indirecte ou relative sans antécédent ?

I wasn't sure what I was going to write.

Description

WHAT introduit une subordonnée complément de l'adjectif attribut de la principale : I wasn't sure.

Rappel : WHAT peut être un déterminant interrogatif, (what newspapers do you want to buy?), un exclamatif (what a great man!), un pronom interrogatif (what did you want to write?) et un pronom relatif sans antécédent (I can't see what / the thing that has been damaged).

Analyse

Ici, WHAT ne peut être ni un déterminant interrogatif, ni un exclamatif. Par contre, il est difficile de trancher entre le pronom relatif sans antécédent et le pronom interrogatif. Essayons d'étayer chacune de ces deux hypothèses avant de voir si l'on peut faire un choix.

Première hypothèse : WHAT est un pronom relatif. Dans ce cas, il introduit une relative nominale, une relative sans antécédent. La glose serait : I wasn't sure about the thing that I was going to write. I wasn't sure about it. La relative est mise pour un nom, on peut la remplacer par le pronom it. En cela, la relative nominale se distingue des autres relatives qui sont compléments d'un antécédent ; ici il n'y a pas d'antécédent et la relative, au lieu de déterminer un nom, est mise pour un nom.

Manipulation

Cette hypothèse pose toutefois un problème. Si l'on cherche à révéler le statut nominal de la proposition en remplaçant le relatif ou l'ensemble de la proposition par un groupe nominal, il faut ajouter la préposition about après sure. On ne peut pas avoir I wasn't sure the thing that I was going to write. I wasn't sure it.

Deuxième hypothèse : WHAT est un pronom interrogatif complément d'objet direct du verbe write et introduit une interrogative indirecte, complément de l'adjectif sure.
On remarque que l'ordre des mots de la phrase déclarative est conservée dans l'interrogative indirecte, où il n'y a pas d'inversion sujet / auxiliaire.

Cette hypothèse est confortée par le fait qu'on a dans la principale un adjectif qui renvoie à la cognition : sure. On rencontre dans les principales introductrices d'interrogatives indirectes des verbes de discours (say, ask) et aussi des verbes ou des adjectifs qui font référence à la cognition (know, wonder, doubt, sure, certain). L'interrogative indirecte est complément de l'adjectif sure, mais sa particularité est de ne pas nécessiter la préposition qui introduit habituellement le complément de sure : about.

Manipulation

On peut restituer la question directe : what was I going to write? I wasn't sure. Cette manipulation met en évidence WHAT en tant que pronom interrogatif. WHAT est la trace d'une opération de parcours sur un ensemble de valeurs totalement indéterminées. Aucune valeur ne fait l'objet d'une préconstruction.

Conclusion

Au terme de notre analyse, on peut retenir cette hypothèse et écarter la première.

Study Topic: Passive and Prepositional Verbs

Point étudié : passif et verbes à préposition

He was never referred to as still existing by my father, …

Description

Notre attention est attirée par l'emploi du passif et la complémentation du prédicat refer to, transitif indirect. Celui-ci est un verbe complexe (comme alude to, speak about / of qui ont des valeurs assez proches) composé du prédicat refer et de la préposition to. Les liens sémantiques et syntaxiques entre ces deux éléments sont forts et tout se passe comme si on avait affaire à un seul élément. Du point de vue sémantique refer to pourrait être glosé approximativement par un verbe simple comme mention : he was never mentioned as still existing by my father. Le verbe refer en emploi transitif direct n'a pas tout à fait la même valeur : par exemple dans she was referred to a specialist by her GP. Ici, nous voyons que le lien entre refer et to n'est pas du même ordre ; il est lâche et to est séparable.

Study Topic: Resulting Diagrams

Point étudié : Schéma résultatif

... the bright glare swept the road ahead of them clean of small scurrying birds and animals.

Analyse

Le verbe et l'adjectif constituent une sorte de prédicat complexe, ici sweep clean, et les valeurs aspectuelles qui sont construites par ce schéma découlent des propriétés notionnelles de ces éléments. Clean est un adjectif qui renvoie à un état alors que sweep est un verbe dynamique (on dit également « processus ») qui renvoie à une activité qui permet d'atteindre cet état. On pourrait gloser the beam swept the road and became clean où became étoffe la valeur notionnelle de franchissement de frontière contenue dans sweep pour marquer l'entrée dans le domaine notionnel clean à partir de l'extérieur not clean. Notons que c'est bien la valeur aspectuelle potentielle du verbe d'action qui permet la construction de la valeur résultative de l'énoncé, car si nous avions un verbe tel que see, verbe d'état qui ne marque pas de franchissement de bornes aspectuelles, nous aurions quelque chose comme : He saw the road clean of small scurrying birds and animals, où il y a simplement un état stable.

Si dans le segment à expliquer il y a un adjectif, il nous paraît néanmoins intéressant de comparer cette tournure à celle comportant une particule adverbiale qui peut participer à la construction d'une valeur référentielle résultative assez proche. Nous avons plusieurs exemples de ce schéma dans le texte (certains ne comportent pas de prédicat complet) : [he turned] his headlights full on, [he turned] out his switchboard light où l'ordre du C_1 (« complément d'objet ») et de la particule est inversé, et également [I] get it over.

Notons finalement qu'on peut obtenir une valeur proche de celle du départ par un phénomène de « chassé-croisé » : c'est ce type de transposition qui est souvent utilisée pour la traduction en français de ce schéma.

See the Distinctions Between

distinct adjective

1. two distinct categories discrete, separate, different, unconnected, distinctive, contrasting.
2. the tail has distinct black tips clear, well defined, unmistakable, easily distinguishable, recognizable, visible, obvious, pronounced, prominent, striking.

Opposite: similar.

distinction noun

1. difference, contrast, variation, division, differentiation, discrepancy.
2. merit, worth, greatness, excellence, quality, repute,renown, honour, credit.

Opposite: similarity.

distinctly adverb

1. decidedly, markedly, definitely, unmistakably, manifestly, patently.
2. clearly, plainly, intelligibly, audibly.

distinguish verb

1. differentiate, tell, apart, discriminate between, tell the difference between.
2. discern, see, perceive, make out, detect, recognize, identify.
3. separate, set apart, make distinctive, make different, single out, mark off.

distinguished adjective

1. eminent, famous, renowned, prominent, well known, great, esteemed, respected, notable, illustrious, acclaimed, celebrated.

Opposites: unknown, obscure.

Voir les distinctions entre

distinct adjectif

1. deux catégories distinctes disjoint, séparé, différent, indépendant, particulier, tranché
2. la queue présente des pointes noires distinctes clair, bien délimité, apparent, aisément discernable, reconnaissable, visible, évident, prononcé, voyant, frappant

Contraire : semblable.

distinction nom

1. différence, opposition, variation, division, différenciation, écart.
2. dignité, mérite, grandeur, excellence, qualité, renom, honneur, estime, élégance.

Contraire : similitude.

distinctement adverbe

1. nettement, visiblement, clairement, intelligiblement.
2. séparément, isolément, indépendamment.

distinguer verbe

1. différencier, séparer, discriminer, dissocier, trier.
2. discerner, voir, percevoir, remarquer, déceler, reconnaître, identifier.

3 singulariser, particulariser, individualiser, caractériser.

distingué adjectif

éminent, brillant, célèbre, renommé, réputé, remarquable, estimé, respecté, honoré, élégant, raffiné.

Contraires : inconnu, obscur.

Subject and Verb

The Old Woodcutters of the Ardennes.

Old old graybeards and grandams tell us, as the candle burns low, that in the forests of the Ardennes lived a half-wild race of men; all were woodcutters. Bread was barely known to them; a hunk of bacon, potatoes, and milk made up their daily fare. They dwelt in cottages which had not one window; light came in and smoke went out through a large fireplace, where meat was hung to dry. The children ran about all day like foals let out to gambol; when they turned twelve, a hatchet was thrust into their hands and they would limb felled oak trees; grown they cut down trees in turn.

After H. Taine.

Let's write out in one column the subjects and opposite each of them in a second column their verb.

Subjects	Verbs
Old old graybeards and grandams	tell
a race	lived
all	were
Bread	was
a hunk of bacon, potatoes, and milk	made
They	dwelt
which	had
light	came
smoke	went
meat	was
The children	ran
foals let out	gambol
they	turned
a hatchet	was
they	would limb
they	would cut

Le Sujet et le verbe

Les Anciens Bûcherons ardennais.

Les très vieilles gens nous racontent, à la veillée, que dans les forêts de l'Ardenne vivait autrefois une race encore à demi sauvage ; tous étaient bûcherons. Ils connaissaient à peine le pain ; un quartier de lard, des pommes de terre, du lait faisaient leur nourriture. Ils logeaient dans des chaumières qui n'avaient point de fenêtres; la lumière venait et la fumée sortait par une large cheminée où séchaient les viandes. Les enfants courraient tout le jour comme des poulains lâchés ; à douze ans on leur mettait une hachette entre les mains et ils ébranchaient les chênes coupés ; devenus grands, ils abattaient les arbres.

D'après H. Taine.

Écrivons dans une première colonne les sujets et, en face de chacun d'eux, dans une deuxième colonne, son verbe.

Sujets	Verbes
Les très vieilles gens	racontent
une race	vivait
tous	étaient
Ils	connaissaient
un quartier de lard, des pommes de terre, du lait	faisaient
Ils	logeaient
qui	avaient
la lumière	venait
la fumée	sortait
les viandes	séchaient
Les enfants	courraient
des poulains lâchés	courent [sous-entendu]
on	mettait
ils	ébranchaient
ils	abattaient

Grammatical Analysis of the Poem

Twas brillig, and the slithy toves
Did gyre and gimble in the wabe
All mimsy were the borogoves
And the mome raths outgrabe.

"Beware the Jabberwock, my son!
The jaws that bite, the claws that catch!
Beware the Jubjub bird, and shun
The frumious Bandersnatch!"

He took his vorpal sword in hand;
Long time the manxome foe he sought –
So rested he by the Tumtum tree
And stood awhile in thought.

Lewis Carroll, Through the looking-Glass and What Alice Found There (1871), Chapter I.

Full Grammatical Analysis of Each Sentence.

1. Twas brillig, and the slithy toves Did gyre and gimble in the wabe

Compound sentence:

C_1: Twas brillig, and the slithy toves did gyre: Independent clause.

Twas ~ It was: contraction; archaism; literary.
Brillig: common noun; uncountable; variable; singular; subject.
And: conjunction; invariable.
The: determiner; definite; variable; singular.
Slithy: adjective; variable; attributive.
Toves: common noun; variable; plural; subject.
Did: modal, 3rd person; plural; variable; past tense; indicative.
Gyre: verb; variable; intransitive; 3rd person; plural; past tense; present participle; indicative.

C_2: and gimble in the wabe

And: conjunction; invariable.
Gimble: verb; variable; intransitive; 3rd person; plural; past tense; present participle; indicative.
In: preposition; invariable.
The: determiner; variable; singular; definite.
Wabe: common noun; variable; singular; locative place.

Analyse grammaticale du poème

À moi. L'histoire d'une de mes folies.
Depuis longtemps je me vantais de posséder tous les paysages possibles, et trouvais dérisoires les célébrités de la peinture et de la poésie moderne.
J'aimais les peintures idiotes, dessus de portes, décors, toiles de saltimbanques, enseignes, enluminures populaires ; la littérature démodée, latin d'église, livres érotiques sans orthographe, romans de nos aïeules, contes de fées, petits livres de l'enfance, opéras vieux, refrains niais, rythmes naïfs.

Arthur Rimbaud, « L'Alchimie du verbe »,
Une Saison en enfer (1873).

À : préposition incolore, tête du syntagme prépositionnel à moi, qui est le terme unique de la phrase averbale prédicative.
Moi : pronom personnel disjoint de rang 1, complément de la préposition À.

L' : déterminant article défini élidé, spécifieur du syntagme nominal, féminin singulier, en emploi spécifique, extensité minimale.
Histoire : nom commun, féminin singulier, tête lexicale du syntagme nominal de la phrase averbale existentielle à un terme.
D' : préposition incolore, tête du syntagme prépositionnel d'une de mes folies
Une : pronom indéfini cataphorique, féminin singulier, tête pronominale du syntagme nominal complément de la préposition D'.
De : préposition incolore, tête du syntagme prépositionnel de mes folies.
Mes : déterminant possessif déictique de rang 1, spécifieur du syntagme nominal, féminin pluriel, à extensité intermédiaire.
Folies : nom commun, féminin pluriel, tête lexicale du syntagme nominal mes folies, complément de la préposition de.

Depuis : préposition, tête du syntagme prépositionnel depuis longtemps, ajout à la phrase.
Longtemps : adverbe, complément de la préposition depuis.
Je : pronom personnel clitique de rang 1, sujet de me vantais.
Me : pronom personnel clitique de rang 1.

2. All mimsy were the borogoves And the mome raths outgrabe

Coumpound sentence:

C_1: All mimsy were the borogoves: Independent clause.

All: quantifier adjective; invariable; plural.
Mimsy: adjective ; variable ; attributive.
Were: copula verb ; 3rd person ; plural ; past tense ; indicative.
The: determiner ; definite; variable ; plural.
Borogoves: common noun; variable; plural; 3rd person; subject.

C_2: And the mome raths outgrabe

And: conjunction; invariable.
The: determiner; variable; plural; definite.
Mome: adjective; invariable; attributive.
Raths: common noun; variable; 3rd person; plural; subject.
Outgrabe: verb; intransitive; 3rd person plural; present tense; indicative.

3. Beware the Jabberwock, my son!: Simple sentence.

C_3: Beware the Jabberwock, my son!

Beware: verb; variable; intransitive; 2nd person singular; imperative.
The: determiner; variable; singular; definite.
Jabberwock: common noun; variable; singular; subject.
My: determiner; variable; 1st person; possessive pronoun.
Son: common noun; variable; singular; subject; vocative.

4. The jaws that bite, the claws that catch!: Juxtaposed independent sentences.

C_1: The jaws that bite.

The: determiner; variable; plural; definite.
Jaws: common noun; variable; plural; subject.
That: relative pronoun; invariable; definite.
Bite: verb; variable; present tense, 3rd person plural; indicative.

Me vantais : verbe pronominal autonome à l'imparfait simple de l'indicatif, temps d'aspect sécant, ici à valeur aspecto-temporelle durative de toile de fond, tête du syntagme verbal.
De : préposition incolore, tête du syntagme prépositionnel complément oblique du verbe se vanter.
Posséder : verbe à l'infinitif simple, complément de la préposition de, tête du syntagme verbal posséder tous les paysages possibles.
Tous les : groupe déterminant masculin pluriel, spécifieur du syntagme nominal, marqueur d'une totalité globalisante, constitué de tous, prédéterminant indéfini, masculin pluriel, et de les, article défini, masculin pluriel.
Paysages : nom commun, masculin pluriel, tête lexicale du syntagme nominal tous les paysages possibles, complément direct du verbe posséder.
Possibles : adjectif modal, masculin pluriel, épithète déterminative postposée de paysages.
Et : conjonction de coordination en emploi additif, coordonnant deux syntagmes verbaux.
Trouvais : verbe transitif direct, en emploi attributif, à l'imparfait simple de l'indicatif (même valeur d'emploi aspecto-temporelle que je me vantais), tête du syntagme verbal.
Dérisoires : adjectif qualificatif évaluatif, féminin pluriel, attribut du complément direct, le syntagme nominal les célébrités de la peinture et de la poésie moderne.
Les : déterminant article défini, spécifieur du syntagme nominal, féminin pluriel, à extensité intermédiaire.
Célébrités : nom commun, féminin singulier, tête lexicale du syntagme nominal complément direct du verbe trouver.
De : préposition incolore, tête du syntagme prépositionnel complément du nom célébrités.
La : déterminant article défini, spécifieur du syntagme nominal, emploi globalisant.
Peinture : nom commun, féminin singulier, tête lexicale du syntagme nominal complément de la préposition de.
Et : conjonction de coordination en emploi additif, coordonnant les deux expansions du nom célébrités.
De : préposition incolore, tête du syntagme prépositionnel coordonné au précédent.
La : déterminant article défini, spécifieur du nom poésie, féminin singulier, emploi globalisant.
Poésie : nom commun, féminin singulier, tête lexicale du syntagme nominal complément de la préposition de.
Moderne : adjectif qualificatif, féminin singulier, épithète du nom poésie.

C_2: The claws that catch!

The: determiner; variable; plural; definite.
Claws: common noun; variable; plural; subject.
That: relative pronoun; invariable; definite.
Catch: verb; variable; present tense, 3rd person plural; indicative.

5. Beware the Jubjub bird, and shun The frumious Bandersnatch!: Compound sentence.

C_1: Beware the Jubjub bird

Beware: verb; variable; intransitive; 2nd person singular; imperative.
The: determiner; variable; plural; definite.
Jubjub: adjective; invariable; attributive.
Bird: common noun; variable; singular; subject; vocative.

C_2: and shun The frumious Bandersnatch!

And: conjunction; invariable.
Shun: verb; variable; intransitive; 2nd person singular; imperative.
The: determiner; variable; singular; definite.
Frumious: adjective; invariable; attributive.
Bandersnatch: common noun; variable; singular; direct object.

6. He took his vorpal sword in hand; Long time the manxome foe he sought: Juxtaposed independent sentences.

C_1: He took his vorpal sword in hand: Independent clause.

He: pronoun; variable; 3rd person singular; masculine; subject.
Took: verb; variable; transitive; past tense; 3rd person singular; indicative.
His: pronoun; possessive; 3rd person; singular; masculine; definite.
Vorpal: adjective; invariable; attributive.
Sword: common noun; variable; singular; direct object.
In: preposition; locative; invariable.
Hand: common noun; variable; singular; place complement.

J' : pronom personnel clitique de rang 1, élidé, sujet de aimais.
Aimais : verbe transitif direct à l'imparfait simple de l'indicatif (même valeur d'emploi aspecto-temporelle que je me vantais), tête du syntagme verbal.

Les : déterminant article défini, spécifieur du syntagme nominal, féminin pluriel, à extensité intermédiaire.
Peintures : nom commun, féminin pluriel, tête lexicale du syntagme nominal les peintures idiotes, complément direct du verbe aimer.
Idiotes : adjectif qualificatif évaluatif postposé, féminin pluriel, épithète du nom peintures.
Dessus de portes : nom composé endocentrique à séquence progressive formé par synapsie, masculin pluriel, apposition nominale non déterminée au syntagme nominal les peintures idiotes.
Toiles : nom commun, féminin pluriel, tête lexicale du syntagme nominal toiles de saltimbanques apposé à les peintures idiotes.
De : préposition incolore, tête du syntagme prépositionnel complément du nom toiles.
Saltimbanques : nom commun, masculin pluriel, complément de la préposition de.
Enseignes : nom commun, féminin pluriel, apposition nominale non déterminée au syntagme nominal les peintures idiotes.
Enluminures : nom commun, féminin pluriel, tête lexicale du syntagme nominal apposé à les peintures idiotes.
Populaires : adjectif qualificatif, féminin pluriel, épithète de enluminures.
La : déterminant article défini, spécifieur du syntagme nominal, féminin singulier, emploi globalisant, extensité maximale.
Littérature : nom commun, féminin singulier, tête lexicale du syntagme nominal la littérature démodée, expansion du verbe aimais à fonction de complément d'objet direct.
Démodée : participe passé adjectivé, féminin singulier, épithète de littérature.
Latin d'église : nom composé endocentrique à séquence progressive formé par synapsie, masculin singulier, apposition nominale non déterminée au syntagme nominal la littérature démodée.
Livres : nom commun, masculin pluriel, tête lexicale du syntagme nominal livres érotiques sans orthographe apposé au syntagme nominal la littérature démodée.
Érotiques : adjectif relationnel, masculin pluriel, épithète de livres.

C_2: Long time the manxome foe he sought

Long: adjective; invariable; attributive.
Time: common noun; variable; singular; time complement.
The: determiner; variable; singular; definite.
Manxome: adjective; invariable; attributive.
Foe: common noun; variable; singular; direct object.
He: pronoun; variable; 3rd person singular; masculine; subject.
Sought: verb; variable; transitive; past tense; 3rd person singular; indicative.

7. So rested he by the Tumtum tree And stood awhile in thought: compound sentence.

C_1: So rested he by the Tumtum tree: Independent clause.

So: adverb; invariable; manner complement.
Rested: verb; variable; intransitive; past tense; 3rd person singular; indicative.
He: pronoun; variable; 3rd person singular; masculine; subject.
By: preposition; invariable; agentive.
The: determiner; variable; singular; definite.
Trumtum: adjective; invariable; attributive.
Tree: noun; variable; singular; direct object

C_2: And stood awhile in thought

And: conjunction; invariable.
Stood: verb; variable; 3rd person; singular; past tense; indicative.
Awhile: adverb; invariable; tense complement.
In: preposition; invariable.
Thought: common noun; variable; singular; locative place.

Sans : préposition, tête du syntagme prépositionnel complément du nom livres.
Orthographe : nom commun, féminin singulier, complément de la préposition sans.
Romans : nom commun, masculin pluriel, tête lexicale du syntagme nominal romans de nos aïeules apposé à la littérature démodée.
De : préposition incolore, tête du syntagme prépositionnel complément du nom romans.
Nos : déterminant possessif déictique de rang 4, spécifieur du syntagme nominal, féminin pluriel, extensité intermédiaire.
Aïeules : nom commun, féminin pluriel, tête lexicale du syntagme nominal complément de la préposition de.
Contes de fées : nom composé à séquence progressive formé par synapsie, masculin pluriel, apposition nominale non déterminée au syntagme nominal la littérature démodée.
Petits : adjectif qualificatif évaluatif antéposé, masculin pluriel, épithète de livres de l'enfance.
Livres : nom commun, masculin pluriel, tête lexicale du syntagme nominal petits livres de l'enfance apposé à la littérature démodée.
De : préposition incolore, tête du syntagme prépositionnel complément du nom livres.
L' : déterminant article défini, spécifieur du syntagme nominal, féminin singulier, en emploi globalisant, extensité maximale.
Enfance : nom commun, féminin singulier, tête lexicale du syntagme nominal complément de la préposition de.
Opéras : nom commun, masculin pluriel, tête lexicale du syntagme nominal opéras vieux apposé à la littérature démodée.
Vieux : adjectif qualificatif évaluatif, masculin pluriel, épithète de opéras.
Refrains : nom commun, masculin pluriel, tête lexicale du syntagme nominal refrains niais apposé à la littérature démodée.
Niais : adjectif qualificatif évaluatif, masculin pluriel, épithète de refrains.
Rythmes : nom commun, masculin pluriel, tête lexicale du syntagme nominal rythmes naïfs apposé à la littérature démodée.
Naïfs : adjectif qualificatif évaluatif, masculin pluriel, épithète de rythmes.

Anthologie 1967 — 2017